30日で白Tシャツの似合う私になる

運動指導者
森 拓郎

「ラフ」と「だらしない」の分岐点は、鎖骨にある。

腕の始まりは、実は「鎖骨」。
鎖骨を正しいポジションに戻すことで、
肩の内巻き、首のすくみが変わっていく。
美しい上半身づくりの
最大公約数をとるなら、まずは「鎖骨」から。

脱・バッファロー肩

Tシャツが似合わない理由のひとつに、
首、肩にかけて筋肉が盛り上がる
「通称・バッファロー肩」がある。
姿勢の悪さから、第一肋骨の上に肉がつき、
肩のラインをいかつく見せてしまう。
誰もが「肩こり」だと思っていた
そのハリは、骨格のボディメイクで解決できる。

令和は、Tシャツ無双。
運命の1枚なんて、要らない。

身体のラインを拾わない地厚のコットンじゃなくても、
上半身を大きく見せない肩の落ち感を研究しなくても、
どんなカッティングのTシャツでも、
こなれて見えてしまう人がいます。
その理由は、骨格が美人だから。
Tシャツが似合う人は、
身体のラインから健康が透けて見えています。
「最近、Tシャツが野暮ったく見えてきた」
と感じたら、それは
「不健康を呼ぶ姿勢だから」
かも知れません。

Moritaku Theory 01

白Tシャツが似合う条件は、
骨格美人になること。

グラマラスでフェミニンな体型も、
都会的でコンサバティブな体型も、
やるべきことは同じです。
「基礎となる骨を正しいポジションに戻していくこと」。
骨から整えれば、壁となる筋肉のつき方は
オーダーメイドで変わっていきます。
不要なハリは取れ、
胸元は削げ落ちることなく、
美しいデコルテに。
丸い背中だって、30日後には
一本の筋が背骨に沿って見えてくるはずです。
近い未来の自分がリアルに想像できたなら、
あとは本書のプログラムを行うのみ。

Moritaku Theory 02

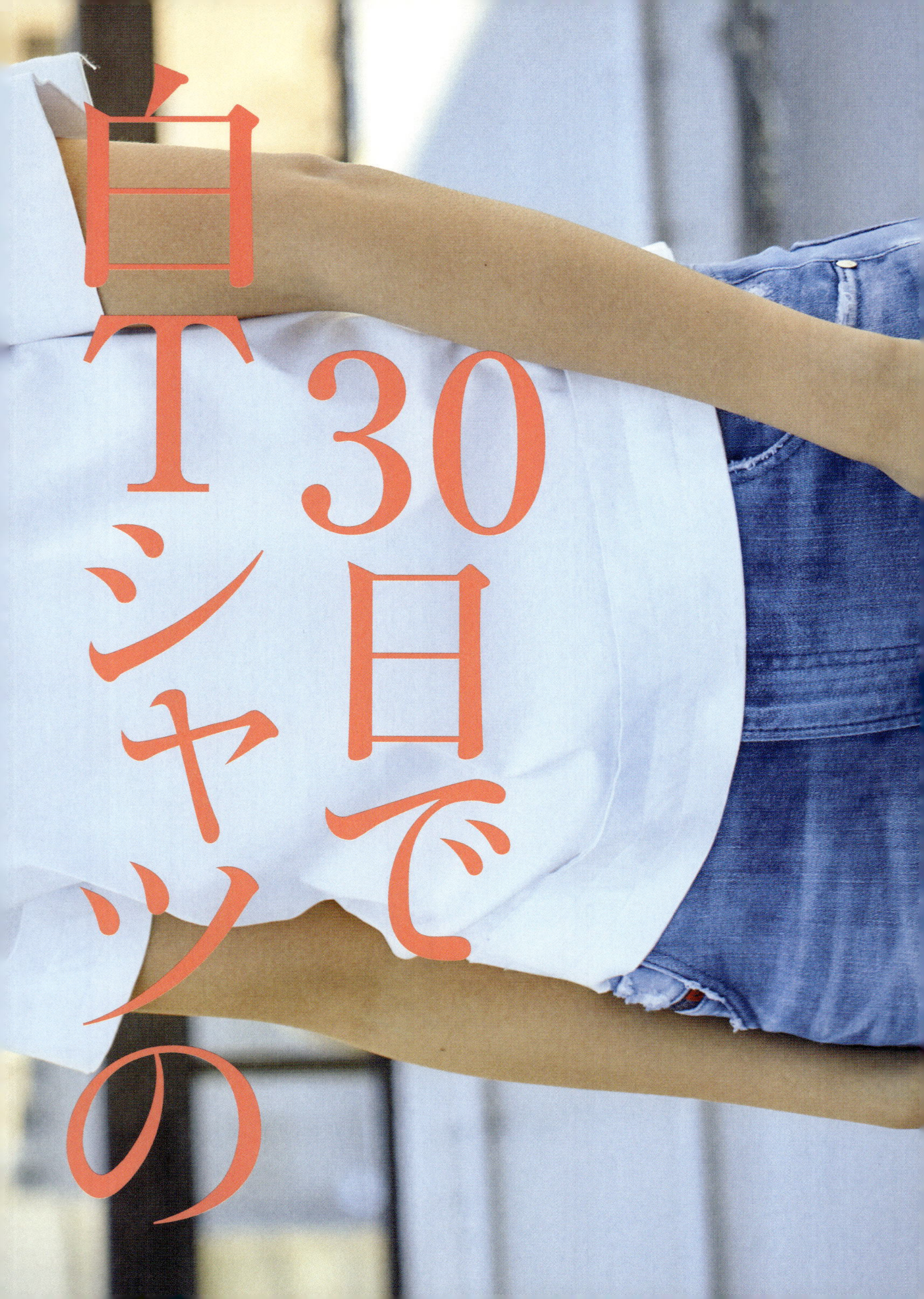
30日で
白Tシャツの

本書が提案するストレッチは、
正直言って、驚くほど地味です。
筋トレと違って
「やってる感」がありません。

似合う私になる

でも、それは「骨」に
アプローチしているから。
地味だけど、かなり効く。
超厳選ストレッチが
このハウツーに詰まっています。

日々の積み重ねが
ボディラインをつくっていく。

高橋メアリージュンさんが
はじめて私のスタジオに来た9年前、
実は上半身の硬さに驚きました!
一見、姿勢はいいのですが、
身体のつくりから見ると、
肩の関節が動きづらく、
背骨がしなやかに動かない。
これは疲れやすく、
背中が張るだろうなと想像できました。
そしてメアリーさん自身にもその自覚があったのです。
だから忙しくてスタジオに来られないときも
自分が必要だと思うストレッチを
欠かさずしていたのだとか。
こうした地道な努力の積み重ねが、日常生活のなかで
上半身の使い方を変えていったのでしょう。
その証拠に、彼女自身がつくってきたボディラインは
少しずつ、でも確実に変化を遂げています。

Message from 森 拓郎

運動指導者

森拓郎 × 高橋メアリージュン

女優・モデル

Message from 高橋メアリージュン

1日1歩、1年で365歩
前進できたら
自分に変化が訪れる

Tシャツは、ヤセていて細身の上半身であれば似合うわけでありません。

私の理想はTシャツのなかで身体が躍っているような感じ。無駄なぜい肉がなく、背骨にキレイなカーブがあってすらりとした首が伸びている。それがどんなTシャツでも着こなせる身体だと思うんです。だからこそ、何のごまかしもきかないシンプルな白Tシャツはオーバーサイズであっても、タイトであっても似合うボディラインでありたい。

オーバーサイズでも格好よく着こなせるし、ピタッとしていても罪悪感なく着られます。

そのためには、やはりストレッチが強い味方になってくれます。1日に行う時間は大したことはないけれど、これを毎日、365日続けたら、きっとその分だけ変われる。そう信じて毎日を過ごしています。

どんなに忙しくてもストレッチをさぼっていないときは、白Tシャツでもほかの洋服でも自信を持って着られる、これが私のモチベーションになっています。

CONTENTS

LEVEL2

LEVEL4

Position
before you start the program

キレイな上半身は
姿勢で決まる

夏が近づくと急に気になるのが上半身です。しかし、慌てても一朝一夕に美しい上半身を手に入れることはできません。

手っ取り早いのは、ハードな筋トレをするよりも、日常生活での身体の使い方を変えること。代謝がよく、ぜい肉がつきづらいポジションにして正しい姿勢を心がけること。

日々の身体の使い方のクセが、正しい姿勢からあなたを遠ざけてしまっていることもあります。自分の上半身はなぜ白Tシャツが似合わないのか、知ることが第一歩です。

Position
01

美しい姿勢こそがTシャツが似合う身体を造形する

わきや背中のたるみだらしない二の腕は姿勢の崩れ

Tシャツが似合う上半身と聞いて、どんな身体を思い浮かべますか？　華奢《きゃしゃ》すぎる腕、ゴツゴツとした肩甲骨、骨ばった背中……。ただ単に細い、体重が軽いだけではTシャツが似合う身体にはなれません。

ほどよく肉がついていてたるみのない二の腕、ブラの横にぜい肉がのっていない背中、すっきりとしたわき、すっと上に伸びている首、適度にカーブを描いた背骨で、美しい姿勢。これが白Tシャツの似合う身体です。

ハリのない二の腕や丸っこい背中を見て、「Tシャツが部屋着に見える」「年齢的に白はしんどいのかも」と感じた原因は、必ずしも年齢を重ねたからではありません。**背中や二の腕などの代謝が悪くなってしまう姿勢をしていること**が大きな原因。これは、長年の誤った身体の使い方のクセが積み重なったことで起こるものなのです。

そもそも脂肪がつき、むくんだ状態になるのは、その部位の血流が悪く、脂肪を分解しづらかったり、老廃物が流れにくくなったりしているから。脂肪分解を促すホルモンを届かせるのも、分解した遊離脂肪酸を細胞のエネルギーとして燃やすために運ぶのも、血液の仕事です。

では、なぜ血流が悪くなるのか。それは、身体を使うときのクセや姿勢の悪さのせいで、血管などを圧迫したり、筋バランスを崩したりしてしまうから。血液が流れづらいと、身体の老廃物を運ぶ静脈やリンパ管の流れも悪くなり、筋肉や脂肪など周辺組織の代謝も悪化します。そうなるとぜい肉がつきやすく、脂肪がさらにセルライト化して落ちづらい状態になり、もっと動きが悪くなるという悪循環を生みます。

そうならないために、上半身の関節、筋肉を適切に使い、正しい姿勢を保つ。それが、Tシャツが似合う、美しい上半身をつくるための近道です。

Position
02

あなたの上半身はどんな状態？
肩の位置と背骨の動きの悪さが姿勢の乱れをつくる

姿勢が崩れると猫背やバッファロー肩になる

普段から姿勢が崩れやすい生活になっている

「私は姿勢のよさに自信があります」「正しい姿勢で毎日過ごしています」と胸を張って言える人はどれだけいるでしょうか。現実的なところで皆無と言ってもよく、むしろ姿勢の悪さへの自覚がある人がほとんどです。

では、なぜ姿勢が悪くなるのでしょうか。私たちの生活はデスクワークをする、パソコンでの入力作業をする、調理をするなど、ほとんどの動作が身体の前で行われます。そのため自然と肩が前に丸まったり、それによって頭が肩より前に出てしまったりした結果、**背中が丸くなる、つまり猫背**になってしまうのです。場合によっては肋骨のなかでもいちばん上の肩に近い部分（第一肋骨）が盛り上がってしまうことがあります。これがいわゆる**『バッファロー肩』**です。

第一肋骨が盛り上がっていると、肩のあたりの筋肉も盛り上がっていかつく見えてしまいます。しかも肩のあたりを触ると硬く感じるので、ひどい肩こりと勘違いしてしまうこともあります。だからといってマッサージなどでごりごりほぐしても逆効果。むしろ傷めるだけで、何の改善にもなりません。根本の原因が、肩が内巻きになってしまうことによる姿勢の崩れによる代償だからです。

日常の動作がやがて身体のクセになり、姿勢をつくっていきます。

胸が貧相になるのも姿勢が問題

肩が内巻きになると、胸のまわりの筋肉は縮んで硬くなってしまいます。反対の背中の筋肉は引っ張られてしまい、ハリやコリを感じやすくなります。前かがみの姿勢になることで、肩が圧迫されて腕に血液が運ばれにくくなり、熱が胸や首まわりだけで滞ってしまいます。二の腕は細くならないのに胸や首筋だけがやせて貧相になる、というのも、実は姿勢の悪さによるものなのです。

反対に、背中側は筋肉が引っ張られて負担がかかり続けているため、硬く凝ってしまい、血流が悪く、代謝も低い状態です。よほどトレーニングや姿勢を意識している人でないと、背中の筋肉は弱くなりやすいのです。

姿勢が悪化した結果、背中が猫背の反対に反っていくということはまずなく、必ず丸い猫背になっていくため、当然、背中にはぜい肉がつきやすいのです。ですから、**姿勢を矯正し、ボディラインの崩れを食い止めるためには、背中がキーポイントになります。**

背中にぜい肉がつきやすい原因は、しなやかに動かない背骨にもあります。背骨は1本の骨でなく、首から骨盤にかけて24の椎骨が積み重なっていて、前後にS字カーブを描いています。この湾曲が立ったり歩いたりするときの衝撃を吸収する役割をしています。ところが姿勢の崩れによって、背骨の連動が悪くなり、丸まるはずのところが丸まらない、反れるはずのところが反れない、ねじれるはずのところがねじれない、となると、エネルギーの出所である体幹からの連動がうまくいかず、筋バランスが崩れてしまうのです。そして姿勢が悪くなり、代謝は悪化。白Tシャツの似合わない上半身にしてしまうのです。

姿勢の崩れをチェック

実際に自分の姿勢がどういう状態なのか
チェックしてみましょう。

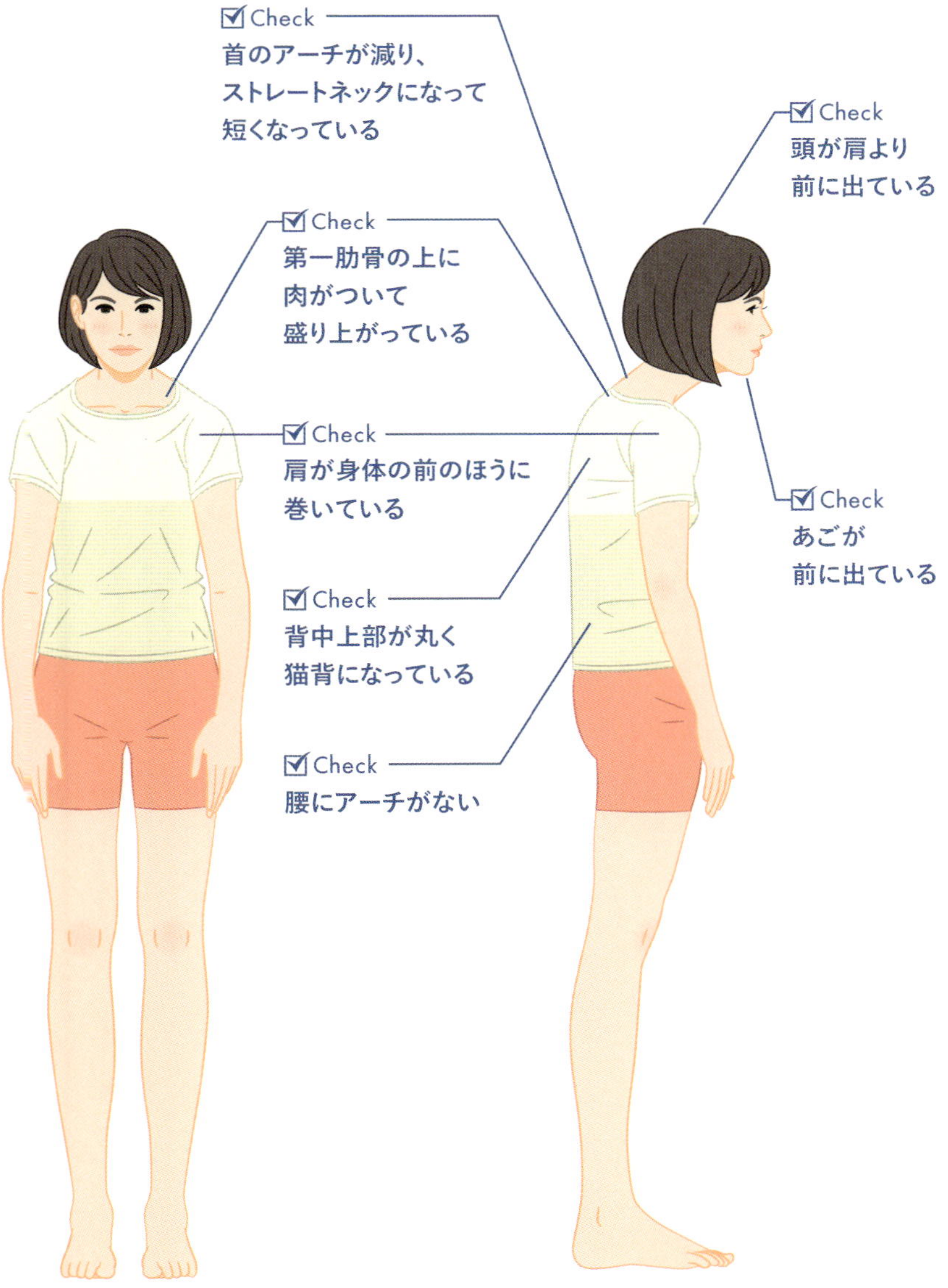
Check
首のアーチが減り、
ストレートネックになって
短くなっている
Check
頭が肩より
前に出ている
Check
第一肋骨の上に
肉がついて
盛り上がっている
Check
肩が身体の前のほうに
巻いている
Check
あごが
前に出ている
Check
背中上部が丸く
猫背になっている
Check
腰にアーチがない

Position **03**

正面と真横の姿勢でチェック
「頭」「肩」「肋骨」の位置関係で正しい姿勢かどうかがわかる

肩甲骨ではなく鎖骨を意識しないと姿勢は変わらない

「頭」「肩」「肋骨」が一直線上にある

胸を張って少し腰を反らすとそれなりにいい姿勢に見えますが、正しい姿勢とは違います。正しい姿勢は、無駄な筋肉を使わない、最小限の力で動けて痛みやハリが出ない、身体への負担が最小限である姿勢です。

では、早速正しい姿勢かどうかをチェックしましょう（29ページ参照）。軽く脚を開いて立ち、両手をまっすぐ伸ばして頭の上で手を組みます。**身体を横から見て、頭と肩の前のほうと肋骨が一直線になっていれば正しい姿勢です。**

上げた腕は、耳の横を通って頭のてっぺんで組めていますか？

まず頭と肩の前のほうと肋骨が一直線にならない姿勢は、肩より頭が前に出ていて同時に肩が前に巻くようにして丸まっています。肋骨は肩より後ろに湾曲しているので、体重の10分の1程度も重量がある頭を背骨が支えられず、肩が凝ったり背中が張ったりします。

次に、上げた両腕が耳より前に出てしまうのは、肩関節が硬くて、背中の筋肉を上手に使えていないからです。また腕を上げた際に腰が反ってしまうのは、肩関節と背骨の連動がうまくいっていないからです。

肩の内巻きを矯正する

姿勢の悪さを自覚したところで、どこを矯正するかを知りましょう。どんなタイプの人でも当てはまることなのでしっかり覚えてください。**まずは内巻きになっている肩を矯正することです。**

肩が内旋して胸まわりの筋肉が縮むと、胸を張りづらくなります。そうならないために胸の筋肉をほぐすことが大切です。筋肉が縮んだままでは、胸元、首筋あたりだけ代謝がよくなって貧相に見えたり、わきの下のリンパ節が詰まりやすくなって老廃物をためやすく、わきのあたりにぜい肉がつきやすくなります。

鎖骨を意識して背中をあらゆる方向にストレッチする

多くの人が肩甲骨を動かすことを意識して背中のエクササイズをしていることでしょう。しかしこれだけでは不十分。肩甲骨は肋骨の上にのっているため、単独で動かすことができないからです。肩甲骨は肩《けん》鎖《さ》関節《かんせつ》という関節によって鎖骨とつながっています。また、鎖骨は胸の中心の胸骨柄にある胸《きょう》鎖《さ》関節《かんせつ》についており、この部分が解剖学上、体幹と腕をつなぐ腕の付け根となるわけです。

つまり、**この胸の中心から鎖骨を動かさないことには、肩甲骨も腕も動かすことができません。**ここを意識することで、本来の背中の動きを引き出せるのです。背中の動きは背骨との連動が大きく、上部胸椎をうまく反らせないと、鎖骨や肩甲骨、腕の筋肉を使って背中の筋肉を収縮させることはできません。

姿勢改善のストレッチはまさに背中の筋肉を正しく使い、代謝アップにつながるのです。

正しい姿勢をチェック

軽く脚を開いて立ち、
腕を横に広げながら手のひらを頭上で重ねます。

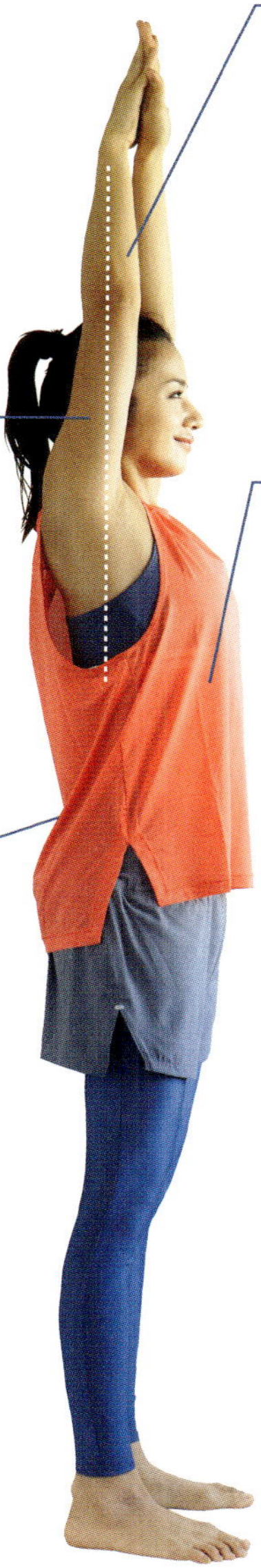

☑Check
腕が頭上まで上がる
姿勢の崩れで肩の関節が正しいポジションにないと肩がスムーズに動かず腕が上がらない。

☑Check
頭、肩、肋骨が一直線上にある
猫背で、頭も肩も前にスライドしてしまう。

☑Check
腕が耳の真横にある
肩が内巻きに内旋していて猫背になっていると、腕は耳より前になってしまう。

☑Check
みぞおちが閉じている
腰を反りすぎるとみぞおちが開き、腹筋の力が抜ける。

☑Check
腰が反りすぎていない
肩と胸椎の動きが悪いと、腰を反らせて補ってしまう。

Position
04

ストレッチでキレイな上半身がつくれる理由

筋トレで引き締めようとするといかつくなる

上半身をスリムにしようとすると、背中を鍛えるマシンなどを思い浮かべるのではないでしょうか。しかし、頑張って筋トレを続けたにもかかわらず、たくましくなってしまった、いかつくなってしまったという悲しい結果になってしまうことがあります。これは**関節や筋肉が正しいポジションになく、姿勢や使い方のクセが原因**で、ターゲットではない筋肉を鍛えてしまうから。

例えば、猫背で肩が内巻きになって内旋したまま背中を鍛えようとしても、本来背中を使うはずの筋トレが、腕だけを使ってしまい、たくましい腕になってしまいます。同じように二の腕のたるみやバストアップのために腕立てをしても、肩が内巻きになっているために、胸も二の腕も鍛えられずに肩ばかりが疲れて、いかつくなってしまうこともあります。

つまり、関節や筋肉が正しいポジションになく、ゆがみのある状態で筋トレをすると、別の鍛えたくない部分が鍛えられ、余計に悪化することもあるのです。だから**トレーニングをするより、まず正しいポジションに戻せるようなストレッチをすること。**無駄な筋肉を必要としない身体の使い方、動き方ができるようになることのほうが、ボディメイクしやすいのです。

前著の『30日でスキニーデニムの似合う私になる』で下半身のボディメイクをしたときと同様で、上半身も筋肉と関節が正しいポジションになるように、ストレッチでバランスよく身体をほぐして、正しい姿勢を身体に覚えさせることが重要です。

ストレッチを習慣化すると、日常生活での姿勢や身体の使い方が変わってくるので、**わざわざ筋トレをしなくても代謝がよくなり、無駄な肉がつきづらい身体になっていきます。**

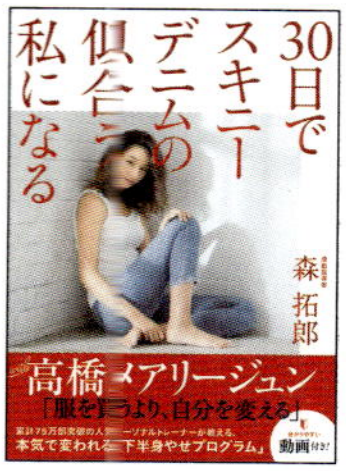

『30日でスキニーデニムの似合う私になる』(小社刊)

白Tシャツの似合う私を30日でつくる

森式 上半身ヤセプログラム

たるんだ二の腕、丸っこい背中、短い首、貧相な胸元が白Tシャツを着こなせない上半身。その原因が姿勢の悪さだとわかれば、矯正してぜひとも夏までに白Tシャツの似合う身体になりたいものです。

森式の上半身ヤセプログラムは、シンプルかつ地味なプログラムです。ただし、正確に行うことが重要なので、写真で形をマネするだけではなく、動画もチェックしながら、関節の向きやストレッチをかける方法などを正しく行いましょう。

本書で紹介するプログラムの目的は至って簡単。ゆがんだ骨格を正しいポジションに戻して、それを身体に再教育し、正しく楽な姿勢が自然にできるようになることです。どうゆがんでいて、どのように矯正するのかを考えながら行うことで、効果が出てきます。

プログラムの進め方は4つのBASICのストレッチをしつつ、1週間ごとにLEVEL1、LEVEL2とステップアップしていきます。3週目からはBASICから3つのNEO BASICへとレベルアップします。NEO BASICを毎日行いながら1週間ごとにLEVEL3、LEVEL4のス

すべてのストレッチの動きを動画で確認できます！

携帯電話やスマートフォンのアプリなどで、QRコードを読み取ります。表示されたURLをブラウザで開くと、本書で紹介したストレッチの動画解説が見られます。

トレッチへと進んでいき、4週間でプログラムは完了です。どれも簡単ではありますが、正しくできていないと、LEVELが上がっても効果が出ません。

LEVEL1 **内巻きになった肩関節を矯正しつつ、胸や首など身体の前部分の筋肉の縮みを取ります。**

LEVEL2 **筋肉が引っ張られて硬くなっている背中をいろいろな方向へとストレッチをかけます。**

LEVEL3 **LEVEL1、2の動きを複合的にしたものです。**

LEVEL4 **トレーニング要素が強まってきます。**

週を追うごとにテーマがレベルアップしますが、BASICやNEO BASICの基本の動きの矯正であるストレッチを怠ると正しくできないことがあるので、正確に行って継続し、日常的に正しいポジションで使える身体に変えていきましょう。

また、30日経ったあともNEO BASICを続けつつ、気になるストレッチを行ってください。

BASIC
LEVEL1
LEVEL2

Stretch

the first two weeks program

上半身の筋肉のストレッチを行う

はじめの2週間は、シンプルな動きで個別の筋肉をストレッチしていきます。

まずBASICでは正しいポジションになるように、前に巻き込んでいる肩関節の位置を正しい場所に戻します。また指先や腕など末端部分のねじれを解消するストレッチも行い、加えて肩の間違った位置によって縮んだ胸や首をストレッチしていきます。

これと並行してLEVEL1と2では、背中を中心に、背中のあらゆる筋肉をタテヨコ斜めと違った方向にストレッチをかけます。身体の前と後ろをバランスよくストレッチしましょう。

BASIC

基本の4ストレッチ

肩の位置は姿勢を決定づけます。頭や肋骨より前に出て内巻きになってしまうと前かがみになり、その影響で胸まわりや首の筋肉が縮みます。まずは肩の位置を正して筋肉をほぐします。

ローテーターカフ

前腕屈筋群

広頚筋

大胸筋

※ストレッチ、エクササイズを行って痛みがある場合は中止してください。

LEVEL UP

1週間ごとにレベルを上げてストレッチ

LEVEL1と2に個別の筋肉にアプローチします。LEVEL1はストレッチの感覚を得やすく、効果がすぐに出るものばかりです。LEVEL2は1をクリアしていないとできない、応用編です。

LEVEL1

The first week

背中の大きな筋肉の緊張を取り除く

前かがみの猫背の姿勢になることで、背中の筋肉は引っ張られて緊張状態になります。これをほぐして緩めることで、正しい姿勢をとりやすくなります。

＋

LEVEL2

The second week

両手を使ったストレッチで筋トレ要素も加わる

LEVEL1と同様にターゲットは背中の筋肉のほぐしですが、両手を使って行うことによって難易度が上がるうえ、トレーニング要素も加わるので少しキツくなります。

BASIC

肩から腕にかけての内巻きのねじれを解消する 前腕屈筋群《ぜんわんくっきんぐん》

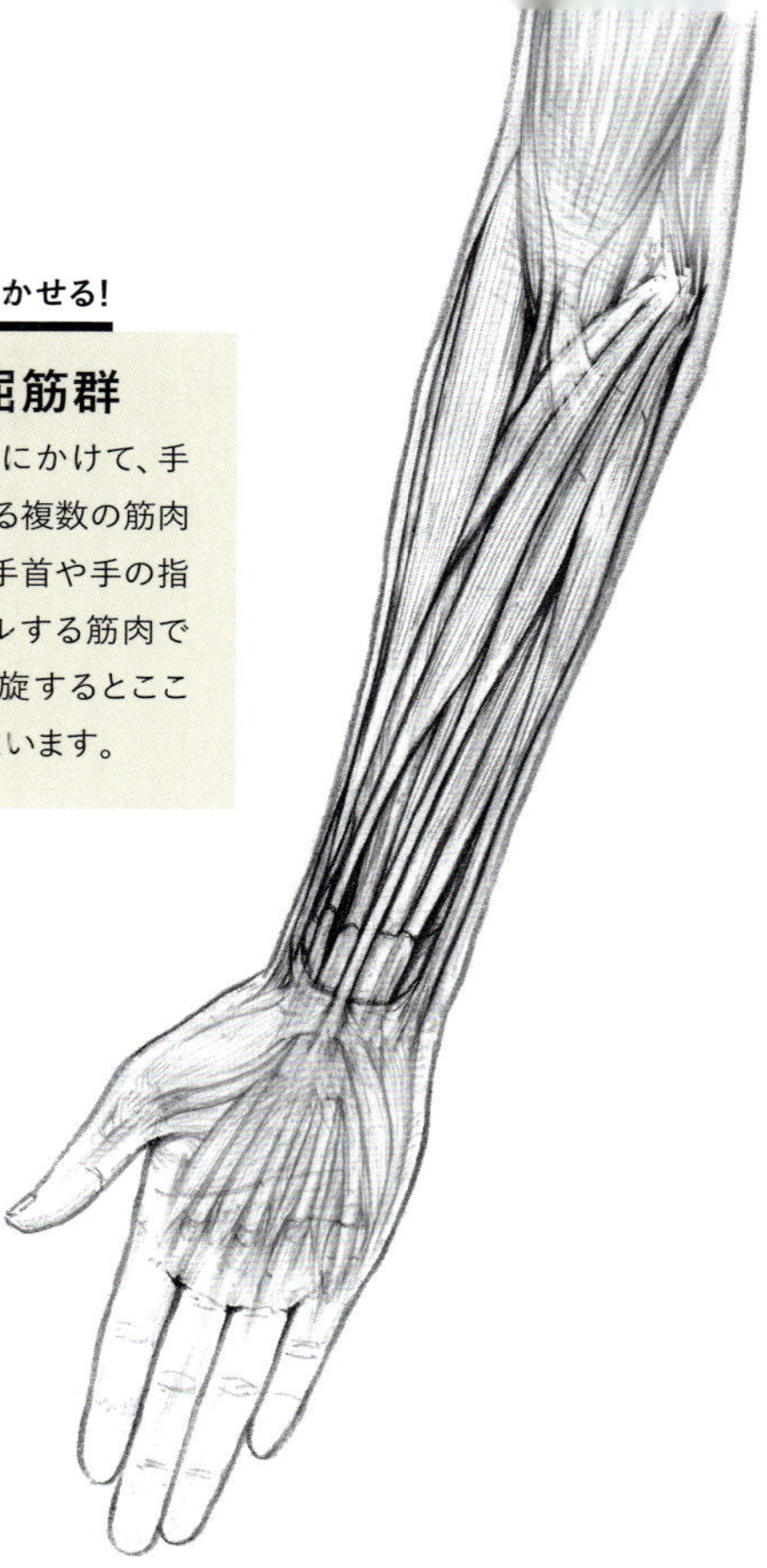

ここに効かせる!

前腕屈筋群

ひじから手首にかけて、手のひら側にある複数の筋肉の総称です。手首や手の指をコントロールする筋肉ですが、肩が内旋するとここもねじれてしまいます。

動画で解説

森の美姿勢理論

　肩が内巻きになって猫背になると、肩関節がゆがむことにより、前腕部分も内側にねじれて手のひらは硬くなり、広げにくくなります。また、親指だけでスマホを操作するといった動作によっても前腕部分や手のひらの筋肉が緊張状態になり、硬くなります。

　しかし身体は末端にいくほど器用に動かすことができるので、前腕のねじれに意識が届きづらく、根幹である肩関節のねじれに鈍感になります。そこで、末端部分のねじれを解消したり、筋肉の緊張をほぐしたりすることで、肩関節の内旋状態の解消につなげます。肩の内巻きが矯正されると姿勢はぐっとよく見えます。

Body Design *Hint*

前腕部分の筋肉が伸びるのを感じながら行います。

左右 KEEP 30sec

1

軽く脚を開いて立ち、右腕を前へ出します。親指以外の4本の指を左手で手前に引っ張って30秒キープします。

2

1と同じ要領で右の親指を左手でつかんで手前に引っ張って30秒キープします。反対の手も同様に行います。

1 指を反らすことで前腕部分をストレッチ

右腕を前に出し、手のひらは正面に向けたまま、左手で右の親指以外の四指を自分のほうに引っ張って30秒キープします。

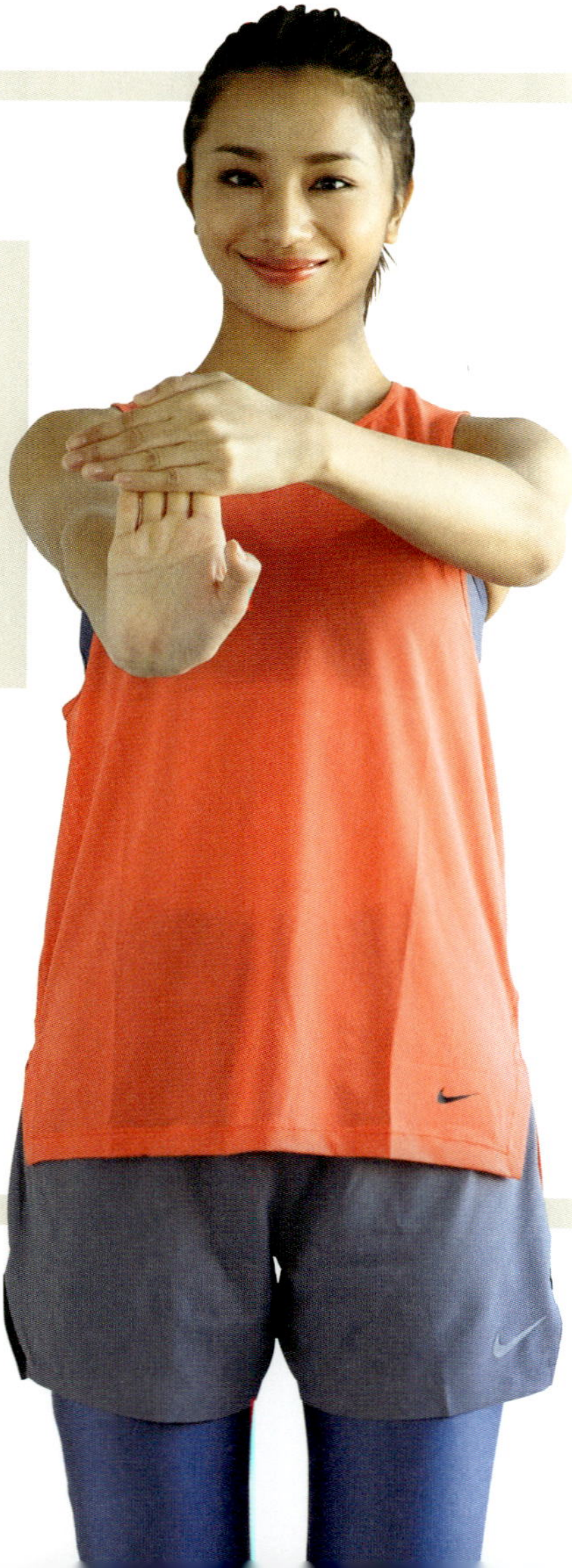

正しく動けば、ここに効いているはず！

○ ひじから手首までの手のひら側の前腕が伸びている

× 手のひらが前を向いていない

指を自分のほうへ引っ張るときに、手のひらも自分のほうを向いてしまうと、前腕部分にストレッチがかかりません。手のひらはしっかり前に向けましょう。

左右 KEEP 30sec

2 親指と四指を別々に引っ張って まんべんなくストレッチ

左手は右の親指につかみ替えて自分のほうへ引っ張って30秒キープ。このとき手のひらは横を向いていても前腕が伸びていればOKです。

横向きに
つかんでもOK!

BASIC

ローテーターカフ

内巻きになった肩を外へと回す

ここに効かせる!

ローテーターカフ

肩の深層にあるインナーマッスルで4つの筋肉の総称です。ひとつ目は肩甲骨の上部から肩にかけての棘上筋《きょくじょうきん》、ふたつ目は肩甲骨の後ろから腕にかけての棘下筋《きょくかきん》、3つ目は肩甲骨の内側に張りついている肩甲下筋、4つ目は肩甲骨と上の骨を後ろからつなぐ小円筋です。

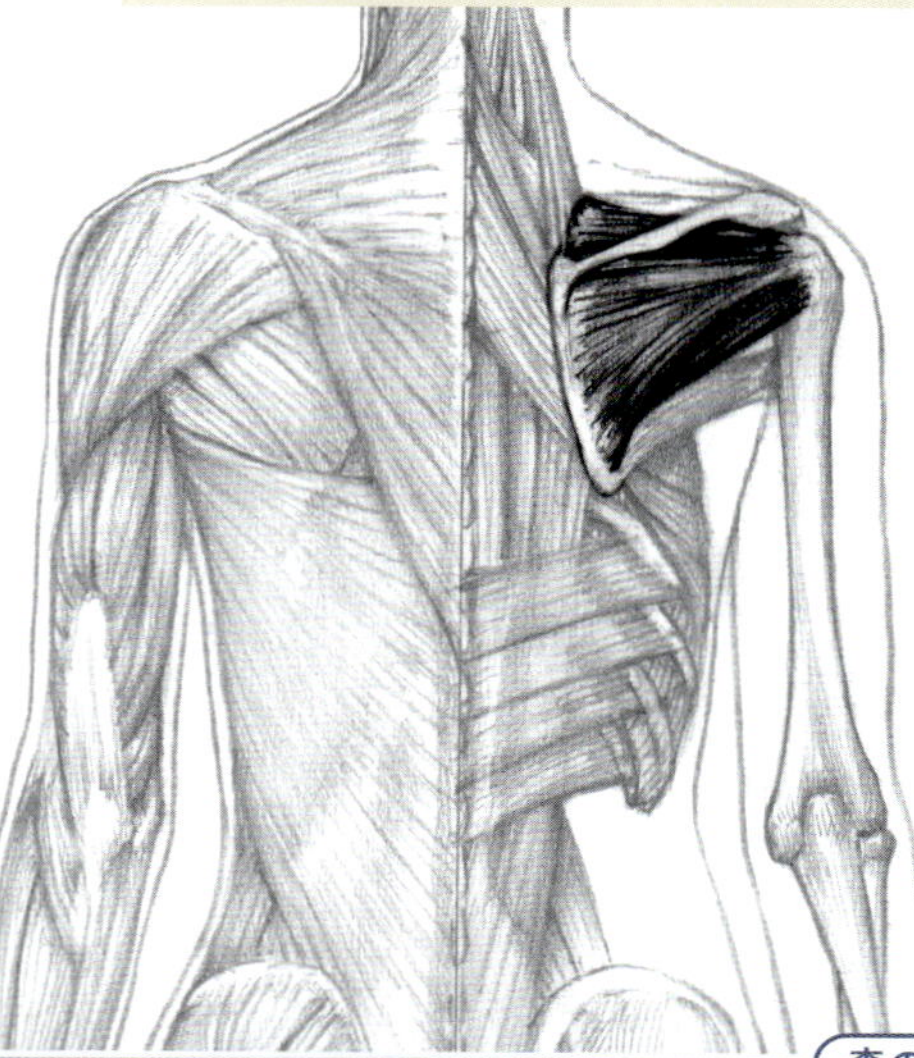

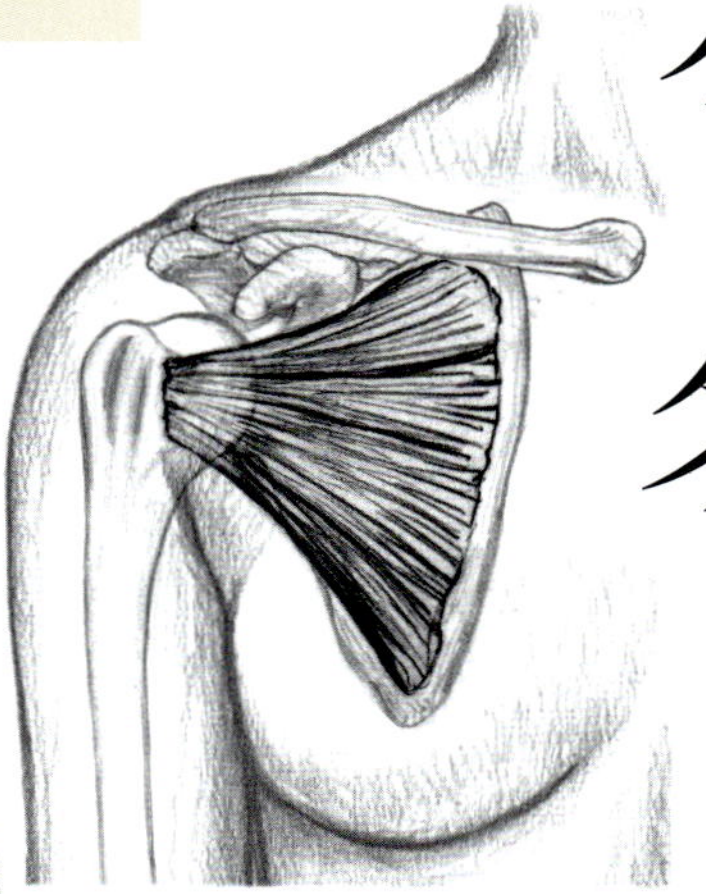

動画で解説

森の美姿勢理論

スマホの操作やパソコンにかじりついている姿勢を思い浮かべてください。肩が前へ丸まって、猫背になっていますよね。そのせいで背中側の筋肉は引っ張られて血流が悪くなって脂肪が落としづらく、ブラジャーの上にわきの肉がのってしまいます。姿勢が悪いと、見た目がカッコ悪いだけでなく、ぜい肉をため込みやすくなるのです。

そこで見直すべきは肩の位置。姿勢を正すとき、肩を後ろに引いて胸を張りますよね。これは肩関節を外側に向け、外旋させる動きになります。そのために重要な肩のインナーマッスル、ローテーターカフを使いやすくするためにほぐしておくことが重要です。

Body Design *Hint*

肩の奥のほうにだるさを感じたら正しくできている証拠です。

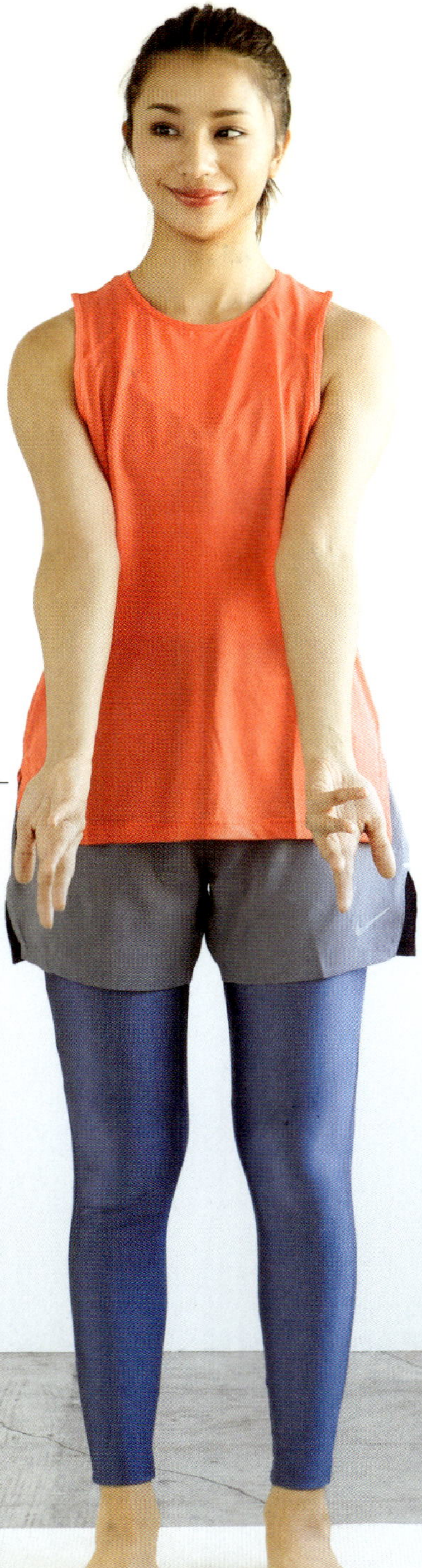

2 sec × 20 times

1

軽く脚を開いて立ち、両腕を前に出します。手のひらは外側、親指は下に向いています。

2

息を吸い、吐きながら親指、ひじ、肩を外側に回して限界のところで2秒キープ。20回行います。

1 肩、ひじ、腕を内旋状態からスタート

腕を前に出して、軽く脚を開いて立ちます。このとき手のひらは外側、親指は下に向けて。

2sec × 20times

2 肩をぐるりと外に向ける

息を吸い、吐きながら親指を外側に向けてひじ、肩を外旋させて2秒キープ、20回行います。背中を丸め、反り腰の人は骨盤を後傾気味（尾骨を床に向けるイメージ）にして行いましょう。

腰を反らさない！

正しく動けば、ここに効いているはず！

○ 背中を丸める
× 腰を反らす

胸を張って背中や腰を反らしてしまうと、大きく動いているようで、肩の内旋の可動域が十分に出ません。あえて背中は少し丸めて、肩だけを外側に向けるようにしましょう。

BASIC

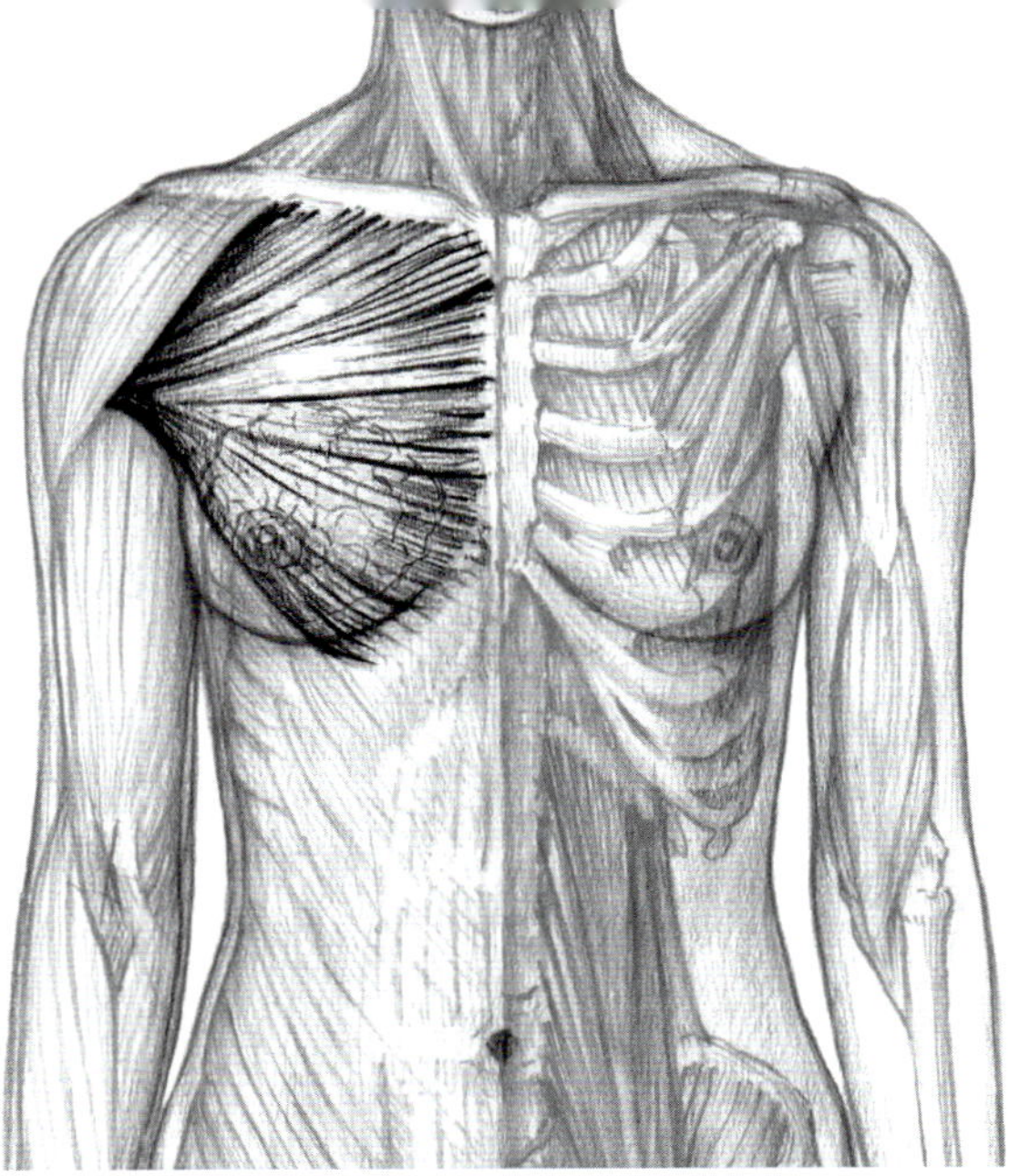

Tシャツの顔ともいえる胸のラインをつくり変える

大胸筋《だいきょうきん》

ここに効かせる!

大胸筋

胸に平たく広がっている筋肉で、鎖骨あたりから上腕骨の上部まであります。猫背になることで、縮まって硬くなってしまいます。

動画で解説

森の美姿勢理論

姿勢をよくして、と言われると胸を張る姿勢をとる人がいますが、多くの人は長時間、続けることができません。胸まわりの筋肉が硬く、すぐに元の姿勢に引き戻されてしまうからです。

パソコンやスマートフォンの操作、炊事や洗濯などの家事。常に腕を前に出して作業することで、猫背になりがちで胸の筋肉が縮みます。縮む力が強いと、胸を開いた姿勢をキープできず、肩が内巻きになって胸が閉じてしまうのです。それが鎖骨やわきの下の血管を圧迫し、流れが悪くなるため二の腕がむくみやすくなります。胸の筋肉をほぐすと胸が開きやすくなり、肩が正しい位置に戻りやすくなります。

Body Design *Hint*

胸のあたりや腕の付け根に近い部分が伸びているのを感じたら、大胸筋のストレッチになっています。

左右 KEEP 30sec

1

壁の横に立ち、右手を壁につけます。ひじの位置は肩より少し高いところ。左手は右の胸の上に置きます。

2

息を吸い、吐きながら左側に少し身体をひねって30秒キープ。ひねるときは肩が上がらないように注意し、体幹部からひねります。反対も同様に行います。

BASIC

首の前側の縮みを取り除いて
すらりと長い首にする
広頚筋《こうけいきん》

ここに効かせる!

広頚筋

首の前面にあり、あごから胸あたりにかけて広がる筋肉。表情筋ともつながっている薄い筋肉で、縮んで筋力が弱まるとフェイスラインが崩れやすくなります。

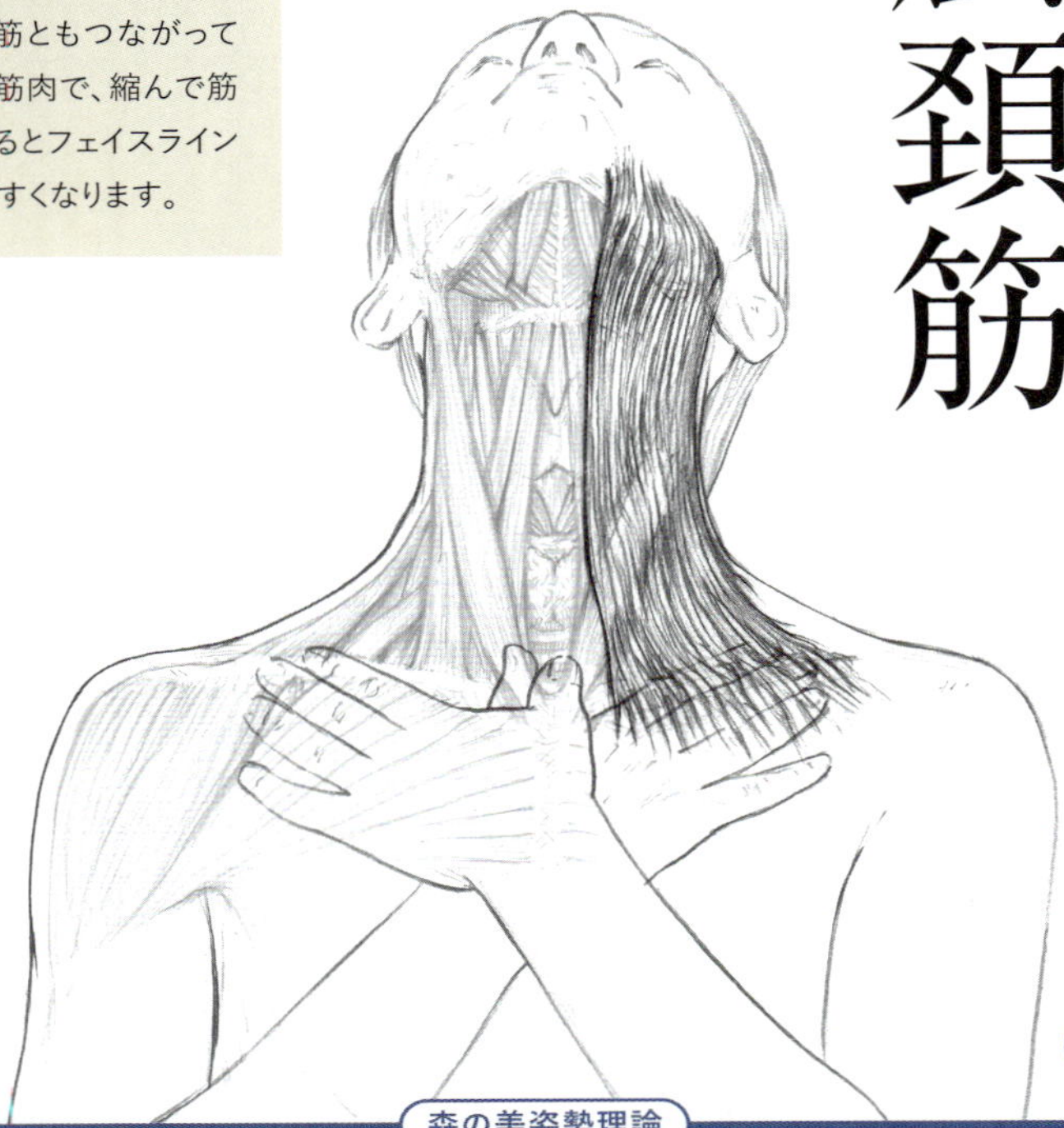

動画で解説

森の美姿勢理論

すらりとした長い首は、どんな白Tシャツも着こなせる無敵のパーツ。Vネックならフェイスラインがすっきりとシャープな印象になり、首元が詰まって見えがちなクルーネックでも、抜け感のある上半身に見せてくれるのです。

　ところが猫背などで肩や身体よりも頭が前に出てしまうと、首の後ろがストレートになります。すると、途端に首が短く、ずんぐりむっくりとした上半身の印象になります。

　そうならないために、縮みがちな首の前側の筋肉をほぐしていきましょう。縮みが解消されると、頭が正しいポジションになるので、顔まわりがすっきりしてTシャツ美人になれるのです。

Body Design *Hint*

首の前側がストレッチされるのがわかればOK。このストレッチの後、上を向きやすくなります。

2

上を向いて口を開けて息を吸い、吐きながら天上にあごを突き出して30秒キープ。このとき手は下へ引っ張ります。**1**の姿勢に戻り、これを2〜3セット行いましょう。

KEEP 30sec × 2~3sets

1

軽く脚を開いて立ち、両手を重ねて鎖骨の下に置きます。

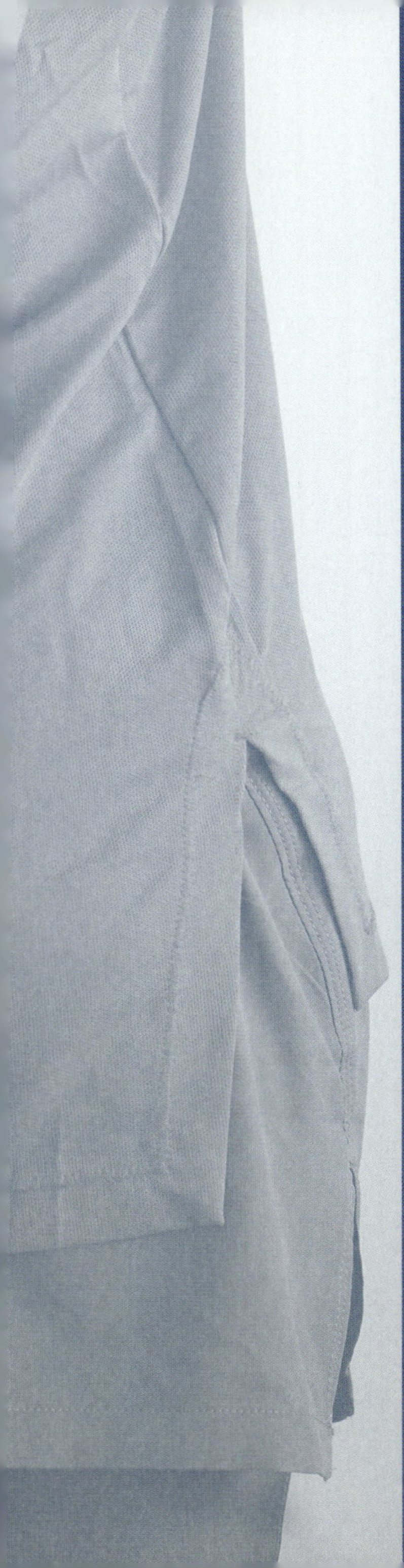

LEVEL1

　姿勢の悪さが二の腕や背中、わきのたるみの原因だとわかったところで、ここから毎週テーマを変えて姿勢を矯正するためのストレッチに励んでいきましょう。

　LEVEL1は、BASICと並行して行います。BASICで姿勢の悪さの元凶ともいえる内巻きになった肩を矯正しつつ、LEVEL1では背中を徹底的にほぐします。個別の筋肉をターゲットにしているので、動きがシンプルでストレッチの感覚を得やすいものばかり。肩の位置の間違いによって引っ張られた背中の筋肉をほぐすことで、肩を正しい位置に戻しやすくなります。

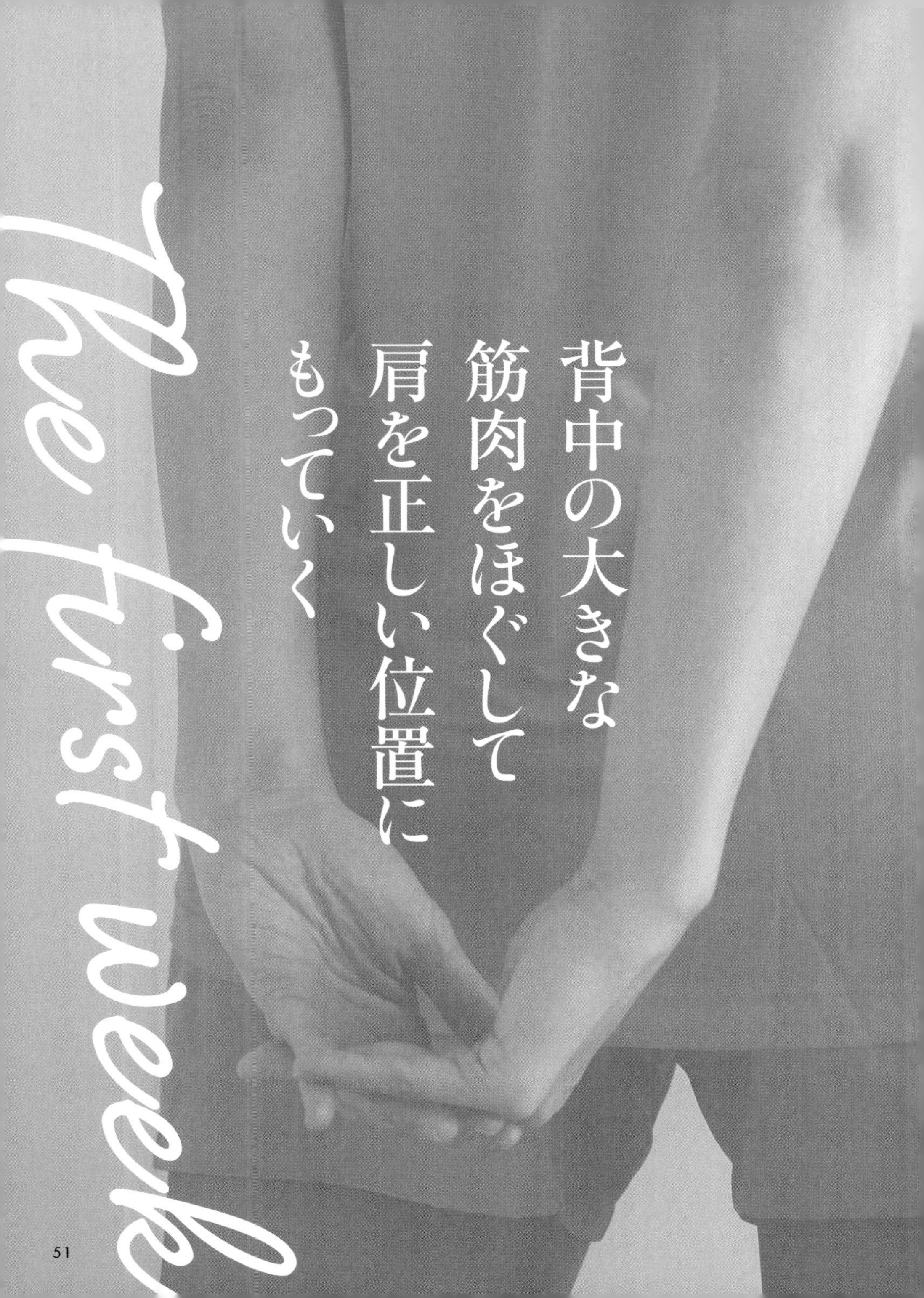

背中の大きな筋肉をほぐして肩を正しい位置にもっていく

The first week

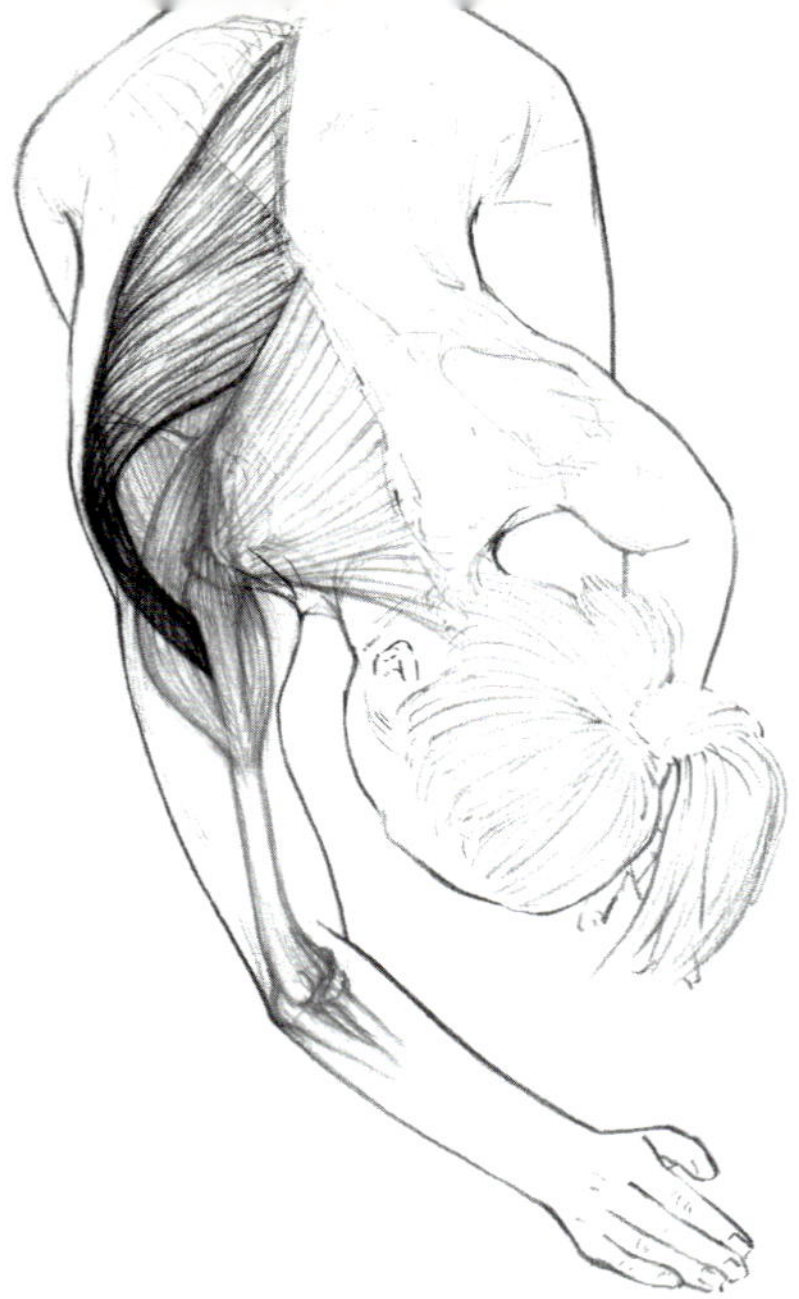

LEVEL 1

脱・丸い背中

猫背で硬くなった背中をほぐす

広背筋《こうはいきん》 大円筋《だいえんきん》

ここに効かせる!

広背筋・大円筋

骨盤・背骨から上腕へと広がる上半身で最も大きい筋肉が広背筋です。一方、肩甲骨の下から上腕へとつく大円筋。広背筋と大円筋はともに肩関節の動きに関係しているので、これらの筋肉が柔軟性を失うと、肩が内旋しやすくなります。

動画で解説

森の美姿勢理論

少し肩を引いて胸を張れば姿勢はよくなる？ いいえ、正しい姿勢をスタンダードな状態にするには、実は背中の柔軟性がとても重要です。

そこで注目すべきは広背筋とそれを支える大円筋。このふたつは腕を上げるバンザイの動作に関与します。そのためここが硬いと腕が上がらず、肩を動かせません。肩が動かせないと背骨の連動がうまくいかず、しなやかなカーブを描くことができません。

また、広背筋には肩を内旋させる作用があります。猫背になってさらに肩が内旋すると、広背筋が硬くなってどんどん腕が上がらず、しなやかな動きを失って背中がたるんできます。

Body Design *Hint*

小指側に体重をかけて行うと伸びを感じられる。

左右 KEEP 30sec

2

息を吸い、吐きながら、身体を右にスライドさせながら右手を外旋させて背中を伸ばして30秒キープ。反対も同様に行います。

1

四つん這いになり、右手を左の手の延長上に置きます。

1 背中の右半分をストレッチ

背中の右側を伸ばす場合は、対角線上の左手の延長上に右手を置きます。息を吐きながら右に身体をスライド、右手を外旋させて30秒キープします。

左右 KEEP 30sec

正しく動けば、ここに効いているはず！

○ 手の小指側に体重がかかっている

× 手のひらが床についている

背中を伸ばすとき、手の小指に体重をかけて外旋させることで、肩のポジションが矯正されて背中がよく伸びます。

2 背中の対角線上にストレッチする

反対も同様に行います。背中の筋肉を腰のあたりから対角線上の肩のあたりの方向へと伸ばす感覚で行いましょう。

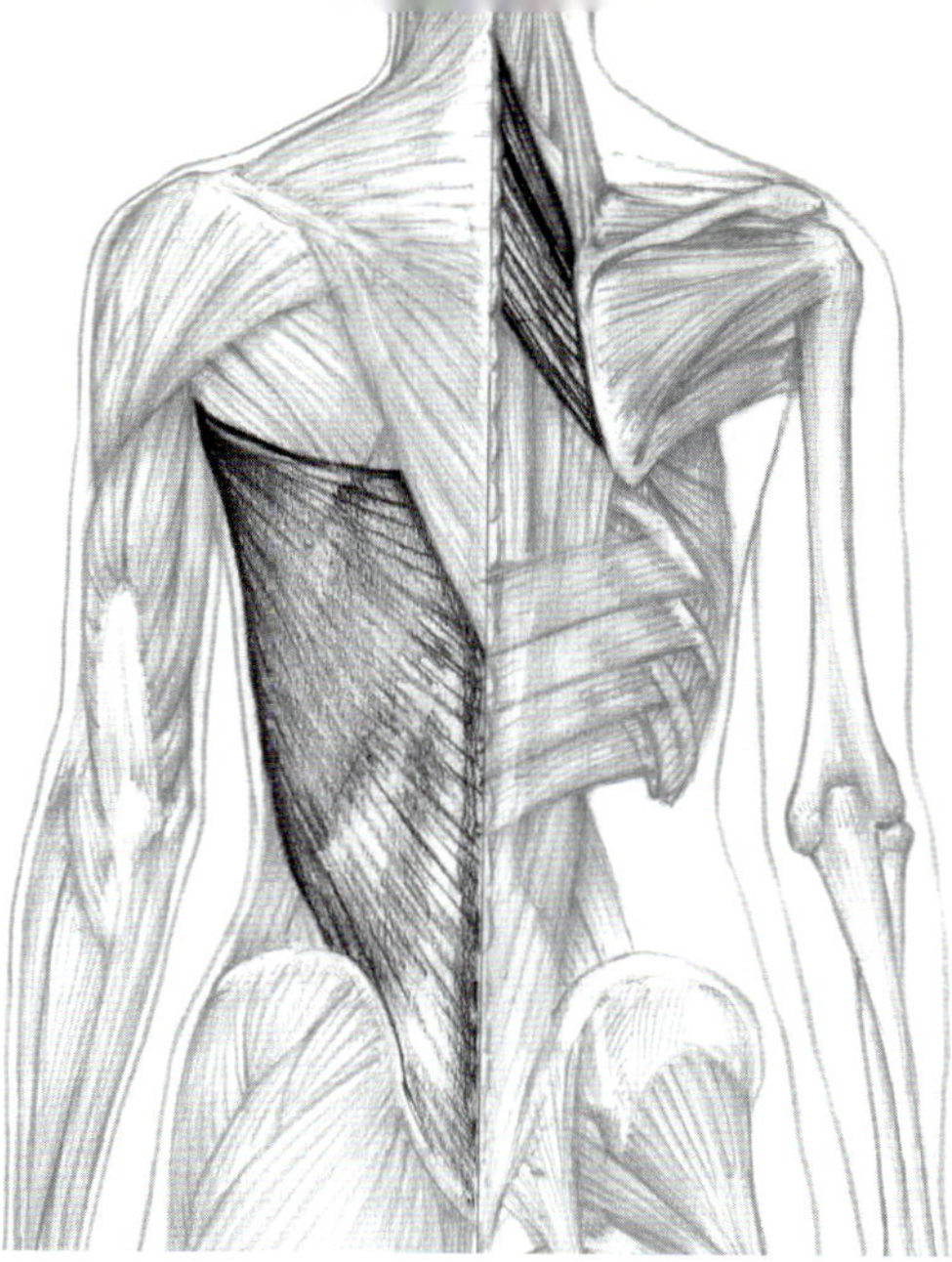

LEVEL 1

オバサン認定されない シャープな後ろ姿になる
広背筋《こうはいきん》 菱形筋《りょうけいきん》

ここに効かせる!

広背筋・菱形筋

骨盤から上腕にかけての大きな筋肉である広背筋と、左右の肩甲骨と背骨の間にある菱形筋。スマホやパソコン作業などで猫背になると機能が落ちやすい筋肉です。

動画で解説

森の美姿勢理論

猫背になってしまうと、頭が前に出て肩は内旋し、肩甲骨は肩をすくませるように上に上がりながら広がります。猫背というと背中が丸くなることとすべてがよくないように思われますが、背骨は本来S字カーブですから、正しく丸くなるのが正解。

姿勢が悪いと、首のすぐ下の部分が丸くなりすぎて、背中の中央より下は丸みが足りていないことが多いのです。肩を下げ、背中の中央からわきにかけてストレッチすることで、本来の丸みを掘り出し、正しい背中の後弯をつくります。首と腰の間にある背中が正しくカーブすると、首と腰の反りがつくりやすく、S字カーブ全体が整います。

Body Design *Hint*

肩を下げ、背中の片側全体が伸びる感覚があればOK！

左右 KEEP 30sec

1

長座をして両ひざを軽く曲げます。背中の右を伸ばす場合、右手で反対の左足の外側、小指の下のあたりをつかみます。

2

左足をひざの高さまで上げて、ひざを伸ばしながら外側に脚を開きます。肩を下げながら背中を丸めて息を吸い、吐きながら30秒キープ。反対も同様に行います。

P.52 広背筋のストレッチができない人のためのほぐし

動画で解説

ボールに
体重をのせる
左右 KEEP 60sec

身体を動かしてボールでグリグリすると筋肉を傷めてしまう。

張ったり凝ったりしている背中全体をほぐす

背中でいちばん大きな筋肉である広背筋は、下半身でいうお尻のような存在。上半身を支え、姿勢を保つために非常に重要な役割をしています。姿勢の崩れによって背中が丸まってしまうと、背中の筋肉は引っ張られてしまい、どんどん弱まっていきます。そうなるとさらに姿勢は崩れるという悪循環。またブラジャーの上にぜい肉がのってしまうのも、広背筋の代謝が悪いのが原因です。

そこで広背筋とその下にある大円筋をほぐします。床にテニスボールを置き、肩の筋肉の下からわきのあたりが当たるように横になって体重をのせます。硬いな、凝っているなという部分にボールをずらしながら60秒キープします。反対側も同様に行いましょう。

動画で解説

P.46 大胸筋のストレッチができない人のためのほぐし

左右 KEEP 60sec

場所を変えながら
硬くなっている場所をほぐす

身体を動かしてグリグリほぐさないこと。筋肉を傷めてしまう。

縮まっている胸の筋肉を柔らかくする

猫背で前かがみの姿勢になっていると、胸の筋肉、大胸筋が縮んでしまいます。あまりにも大胸筋が硬いと、胸を張ったり肩を後ろに引こうとしたりして姿勢を正そうとしてもすぐに戻ってしまいます。内巻きになった肩を正しいポジションに戻すには、大胸筋をしっかりほぐすこと。そうすることで、肩のポジションを正しいところに戻せるのです。

辞書など10センチ程度の高さのあるものを土台にして、テニスボールをのせ、うつ伏せになります。大胸筋の付け根部分、腕の付け根の内側あたりにボールがあたるよう体重をのせます。60秒ぐらい痛気持ちいい程度の強さで行いましょう。ボールの位置を少し移動させたりしながら、反対側も同様に行います。

LEVEL2

LEVEL2に入っても、BASICのストレッチは並行して行います。LEVEL2は、LEVEL1と同様に背中の筋肉をほぐしつつ、首まわりのストレッチが加わります。

LEVEL1では個別の筋肉にアプローチしましたが、これに加えて、LEVEL2では両手を同時に動かしてストレッチするなど難易度が上がります。さらに呼吸の意識も高めて、インナーマッスルへアプローチしていきます。LEVELごとのストレッチをクリアしていかないと、次のLEVELのストレッチが正しくできないので、写真と動画を確認しながら行いましょう。

The second wee

首と背中の筋肉をほぐして頭が肋骨にのった正しいポジションにする

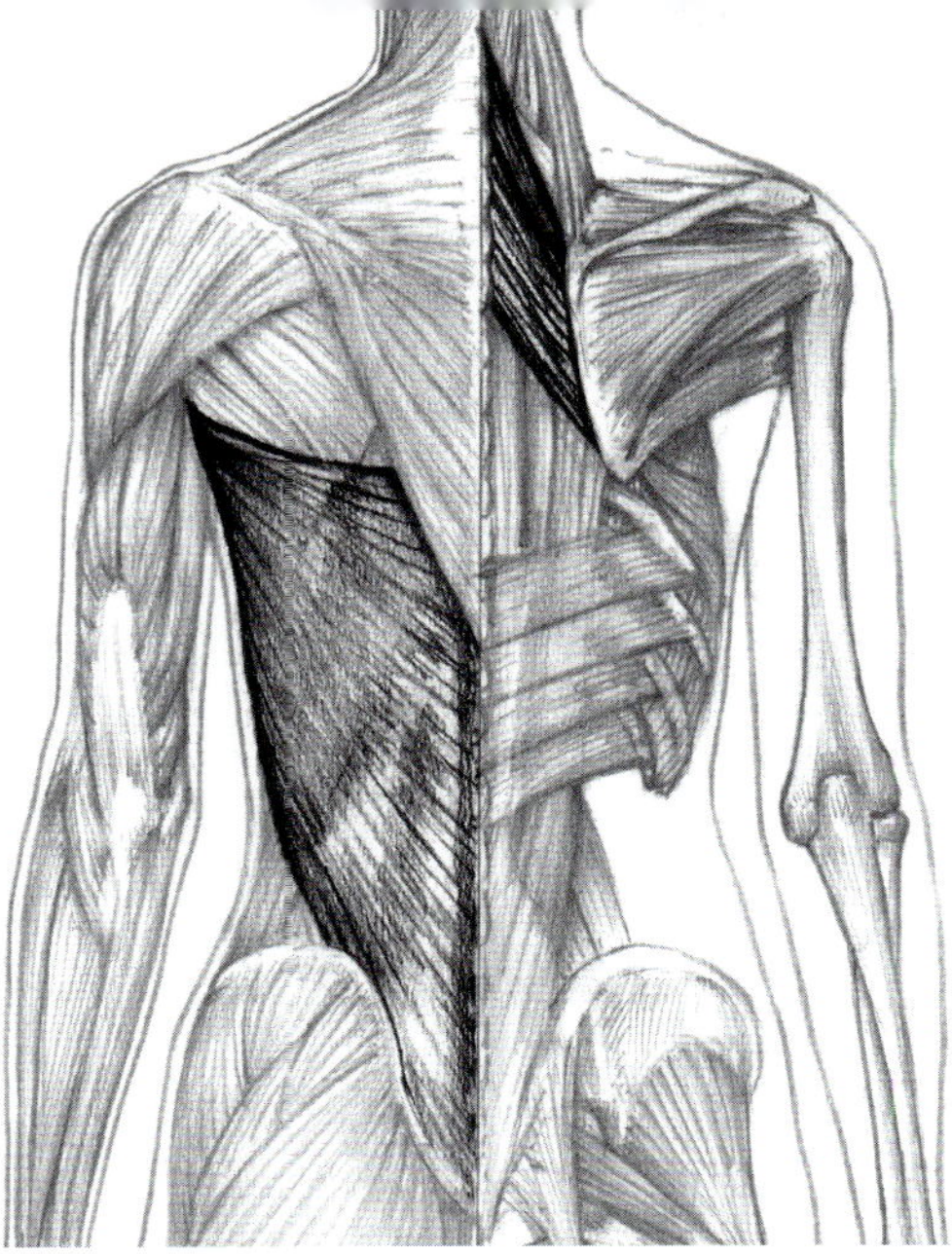

LEVEL2

背中の筋肉にアプローチをして肩の位置を修正する

広背筋《こうはいきん》 菱形筋《りょうけいきん》

ここに効かせる!

広背筋・菱形筋

背骨から左右の上腕部に広がる面積の広い筋肉が広背筋です。左右の肩甲骨の間にあるのが菱形筋。ともに肩を動かすのに大きく関与する筋肉なので、姿勢づくりの要となります。

動画で解説

森の美姿勢理論

猫背で背中の上部が丸くなっているとバストは下がり、頭が前に出すぎると首が短く見えてしまいます。肩や頭が身体より前に出てしまう猫背は、身体がバランスを取ろうとして背中のカーブをキツくし、背中の筋肉を引っ張って、硬くします。そのせいで血流が悪くなり脂肪を落としづらくなる、ぜい肉がつきやすくなるという悪循環を生みます。

姿勢を正すためには必要な筋肉を使えるようにしなくてはいけません。広背筋や菱形筋などよく使う大きな筋肉は、いろいろな方向にストレッチをして柔軟性を取り戻すことで、連動している肩の位置の矯正、姿勢の矯正につながります。

Body Design *Hint*

腕は「前ならえ」のようにまっすぐ伸ばすのではなく、大きなボールを抱えるようにしてひじを曲げながら前へ出すようにすると背中がストレッチされるのがわかります。

1

脚を軽く開いて立ち、腕を肩の高さまで上げます。両手を前に出したまま肩を外旋させます。お尻を締めて前へスライドさせ、背中を丸めます。

2

息を吸い、吐きながらひじを前へ伸ばして30秒キープします。このとき、肩甲骨が左右に広がるようにしましょう。

KEEP 30sec

LEVEL2

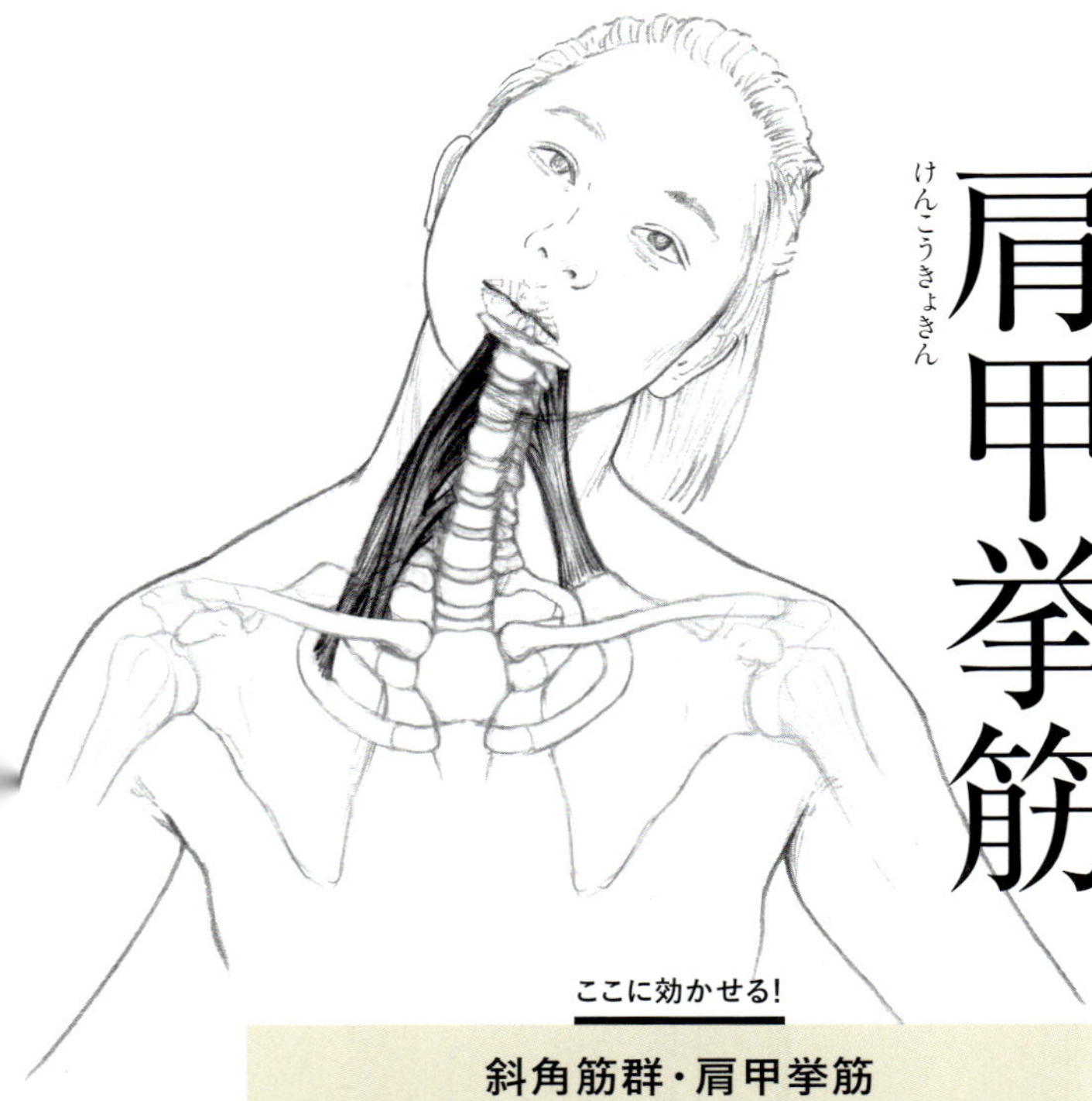

クルーネックがツマって見えない
若々しい首元に

斜角筋群《しゃかくきんぐん》
肩甲挙筋《けんこうきょきん》

ここに効かせる!

斜角筋群・肩甲挙筋

首の両側にある3つの筋肉の総称が斜角筋群です。首を前や横に曲げるときや呼吸に作用します。首の後ろから肩甲骨へとつながっているのが肩甲挙筋です。

動画で解説

森の美姿勢理論

首元の印象で、太って見えてしまうことが大いにあります。逆に考えれば、首さえすらりとすれば身体の全体のバランスもよく見えるということ。当然、Tシャツが似合う条件でもあります。

パソコンやスマホの操作で頭が肩や身体より前に出てしまうと、首が短く見えてしまいます。そのせいで首の筋肉が縮んでしまい、さらに短く見えてしまうのです。こういった姿勢が続くと、首の位置が形状記憶され、意識だけで元の位置に戻すのが難しくなります。だからこそ首の縮んだ筋肉をほぐして正しいポジションへ戻す手助けをしましょう。そのために首のインナーマッスルにアプローチします。

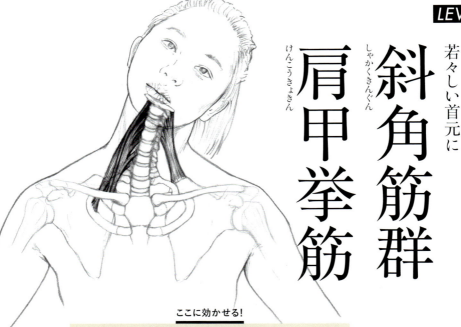

Body Design *Hint*

1 で肩を下げながら腕を伸ばしていき、腕の内側がピリピリっときたらストレッチは正しくできています。

左右 KEEP 3sec × 3sets

1

あぐらをかいて座り、身体の外側に手を置いて肩を上げます。息を吸って吐きながら肩をゆっくり下げ、手の指先は床にするようにします。

2

頭を左に傾けて首の右側を伸ばして3秒間キープ。息を吸って頭を正面に戻し、首を右側に傾けて3秒キープ。**1**の姿勢に戻り3セット行います。

1 あぐらをかいた姿勢から肩を上げる

あぐらをかいて座り、頭が天井から吊られているイメージで、肩を上げます。息を吸って吐きながら肩を下げて指先は床をするようにして広げます。

左右 KEEP 3sec × 3sets

正しく動けば、ここに効いているはず！

○ 肩が下がっている
✕ 肩が上がり力が入っている

首を左右に傾ける際は、肩が上がらないようにしましょう。肩を下げることで首にストレッチがかかります。力が入っていると肩が上がってしまいます。

指先は床をするように広げる

2 しっかり呼吸を意識しながら頭を横に傾ける

息を吸って吐きながら頭を左に傾けて3秒キープ。呼吸によってインナーマッスルの斜角筋群を伸ばします。息を吸って首を中央に戻し、吐きながら右に傾けて3秒キープします。

肩甲骨を寄せると肩がすくんで姿勢が崩れる

「鎖骨を意識すれば肩甲骨も動いて美姿勢になれる」

肩甲骨はがしやストレッチなど、上半身のエクササイズのなかでも注目を浴びているのが肩甲骨です。できるだけ肩甲骨を寄せるのがよい姿勢だと思っている人が結構多くいるような気がします。

しかし、本書では肩甲骨を寄せるようなアプローチを紹介していません。なぜかというと、人間の身体のしくみ上、肩甲骨を寄せると肩が上がってしまい、首がすくんだ状態になりやすいからです。また、肩甲骨だけを意識しても、気になる腕や背中へのアプローチが弱いからです。

骨という視点で考えると、肋骨の部分が胴体になります。腕と肩甲骨は肩関節でつながっていますが、肩甲骨は肋骨の上にのっているだけ。すき間があって胴体にはくっついていません。肩甲骨は鎖骨と、鎖骨は胸鎖関節によって肋骨部分の胸骨とくっついています。つまり、腕が胴体とはじめてくっつくのが胸鎖関節ということです。ですから、体幹部の出発点である鎖骨を意識して動かさないと、肩甲骨も肩関節も正しく動かないのです。

姿勢を整えるうえで、肩甲骨を寄せるのではなく、鎖骨を後ろに引くことで、肩甲骨は正しいポジションへと導かれるのです。

NEO BASIC
LEVEL3
LEVEL4

Stretch

the third final weeks program

背骨のポジションで正しい姿勢に仕上げる

3週目、4週目は背骨の動きに合わせながら筋肉にアプローチするという複合的な動きになります。

LEVEL1、2のストレッチを正確にできていないと複雑な動きになったとき、効果を得られる正しいストレッチができません。できていないなと思ったらLEVEL1、2に戻ってください。

NEO BASICではひねりを入れた動作も多く取り入れています。並行して3週目はLEVEL3、4週目はLEVEL4とメニューを変えて正しい姿勢の仕上げをします。

白Tシャツの似合う私を30日でつくる

森式 NEO BASICのススメ

白Tシャツが似合う上半身になるためには、ただ単にヤセるだけでは意味がありません。細すぎる腕、貧相な胸元、骨ばった背中になってしまっては、魅力的ではありませんよね。

目指すはしなやかな身体、無駄な脂肪がつきづらい身体です。こうした身体を手に入れるためには、関節や筋肉が本来あるべきポジションにあって、余計な筋力を使うことのない、正しい姿勢に整えるしかありません。

そのために重要なことはふたつあります。

ひとつ目は肩の位置の修正です。姿勢の崩れによって、肩や頭が肋骨より前に出て内巻きになり背中が丸まってしまうので、肩と頭、肋骨が一直線上にくるようにします。そのため、縮んだ胸側の筋肉と、張っている背中側の筋肉を緩めることを前半２週間で行ってきました。

ふたつ目に重要なことは、背骨が正しくカーブしていることです。それによって座る、立つ、歩くといったさまざまな動作の衝撃を吸収してくれています。ところが背骨が正しくカーブしていなかったり、連動が悪かったりすると、そのまわりの筋肉などの組織に負担がかかり、硬く太くなるのです。**NEO BASIC**ではこうした背骨を正しいポジションにするため、背骨の動きに合わせて筋肉にアプローチする複合的なエクササイズを行います。

背骨は、単に丸めることはできても、正しい位置を丸めたり反ったりすることは、姿勢が悪ければ悪いほど難しくなります。そのために身体をひねる動きを入れたり、背中を丸めたりします。その動きをしやすくするために**NEO BASIC**が必要となります。

LEVEL3 **背中側もお腹側もバランスよくストレッチをしながら背骨の動きをスムーズにするストレッチを加えました。**

LEVEL4 **LEVEL3の強度を上げてトレーニング要素を強めています。**

こうして背骨のポジションを正して、その姿勢をキープできるように仕上げていくことで、Tシャツの似合うボディラインに近づきます。

NEO BASIC

複合的な動きをともなう 3ストレッチ

後半の2週間は、背骨のポジションに注目をします。背骨の動きと連動させるストレッチや身体をひねるストレッチなどが加わり、難易度が高まります。

上部胸椎・大胸筋

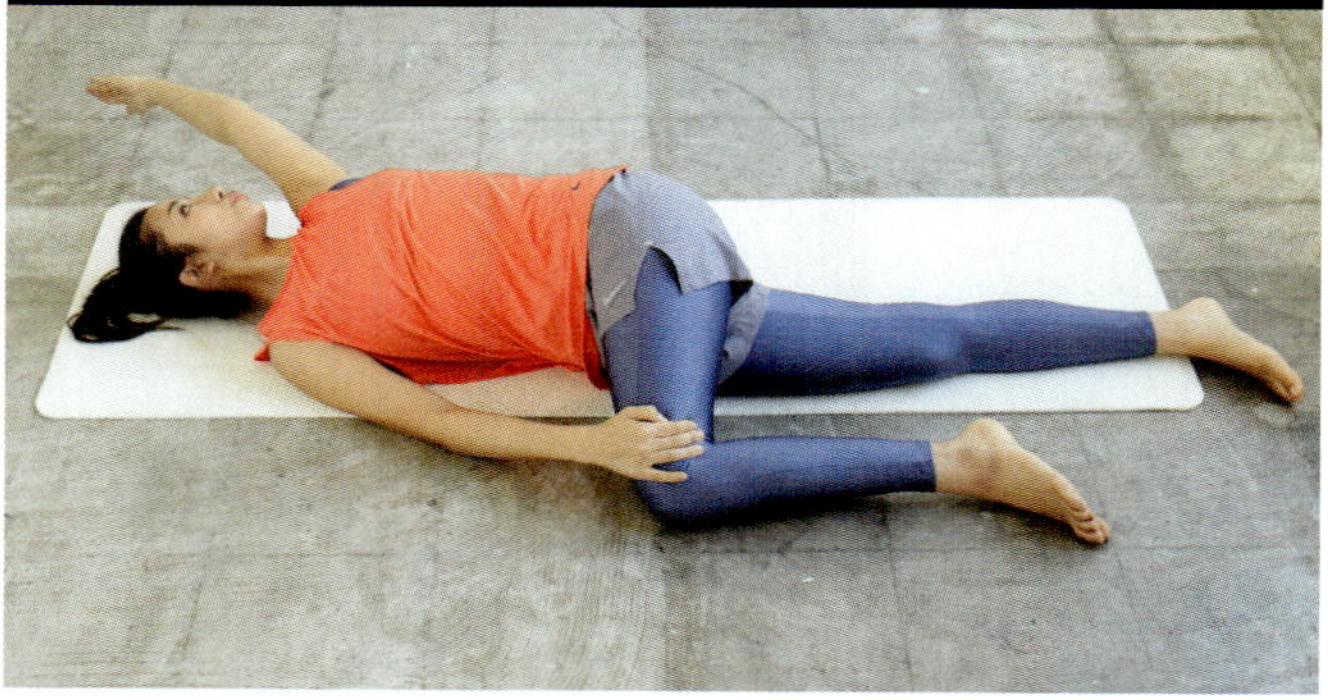

胸鎖乳突筋

ローテーターカフ

※ストレッチ、エクササイズを行って痛みがある場合は中止してください。

LEVEL UP

1週間ごとのレベル上げストレッチ

NEO BASICのストレッチを行いつつ、LEVEL3、LEVEL4を並行して行います。後半は複合的な動きになるので難易度が上がり、最終週はトレーニング要素も強まってきます。

LEVEL3

The third week

複合的な動きを取り入れて身体のゆがみを取り除く

背骨の動きに連動して、胸と背中、首と背中のストレッチを行います。筋肉の緊張を取りつつ、背骨がしなやかに動くようになり、より正しいポジションをとりやすくなります。

LEVEL4

The final week

筋トレ要素も加わり姿勢矯正の仕上げ

背骨の動きを意識して行うストレッチに、体幹から動かすというトレーニング要素が加わります。正しいポジションを身体が覚え、それをキープするための仕上げです。

NEO BASIC

白Tシャツが似合う人は軸が違う
いざ、凛とした骨格美人へ

大胸筋《だいきょうきん》 上部胸椎《じょうぶきょうつい》

ここに効かせる!

大胸筋・上部胸椎

猫背によって縮みがちな胸の筋肉が大胸筋です。首の少し下あたり、鎖骨の裏側の上部胸椎は大きく丸まったり、平たくなったりします。

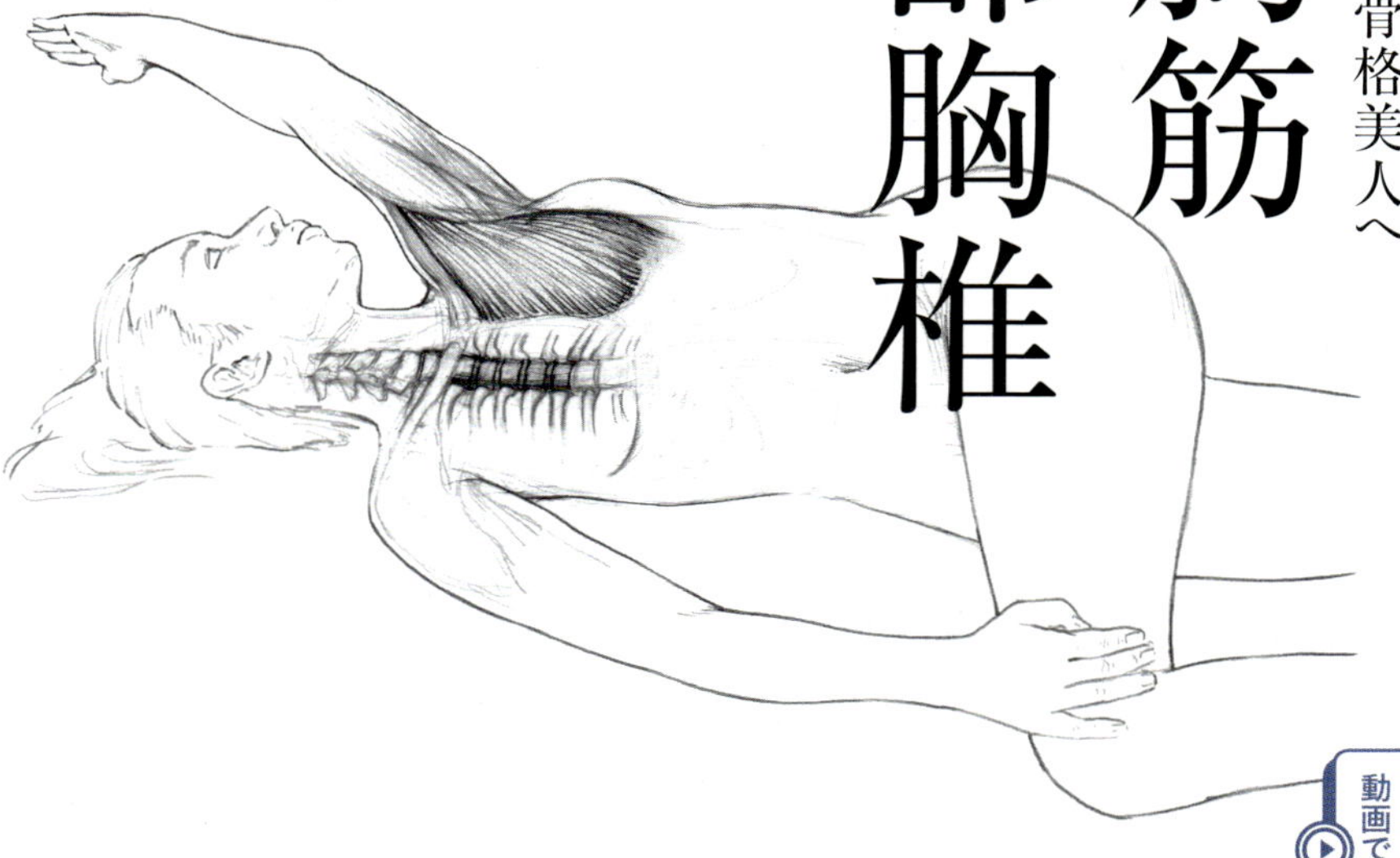

動画で解説

森の美姿勢理論

24個の椎骨といわれる骨が積み重なった背骨は、首は前に、背中は後ろに、腰は前に湾曲していてS字を描いているのが理想です。これが背骨のS字カーブ。

ところが姿勢が崩れると、このカーブが場所によって大きく湾曲したり、まっすぐになってしまったりと、正しく丸まったり反ったりできません。

本来、動作の衝撃を和らげる役割がある背骨。それができないとまわりの筋肉が助けに入り、硬くなったり代謝が落ちて脂肪がつきやすくなったり、太くなってがっちりした背中になります。だからこそ正常なS字カーブを取り戻さなくてはなりません。

Body Design *Hint*

胸の前あたりと背骨が伸ばされる感覚があればOKです。

左右 KEEP 30sec

2

左の手のひらを上に向け、息を吸って吐きながら斜め上に伸ばし、背中をひねって30秒キープ。反対も同様に行います。

1

仰向けになり、左のひざを90度に曲げて右脚とクロスさせます。左のひざを右手で押さえます。

1 仰向けになって身体を ねじる姿勢からスタート

仰向けになり、左胸を伸ばす場合は、左ひざを90度に曲げて右脚のほうにひねります。左ひざを床につけて右手で押さえます。

左右 KEEP 30sec

正しく動けば、ここに効いているはず！

○ 胸の前が伸び、背骨がねじれている

× 腕の付け根が伸びる

腕をできるだけ遠くに伸ばすことで、大胸筋のストレッチになります。腕を床につけてしまうと、肩の前側がストレッチされることになってしまいます。

2 手と脚で身体を対角線に引っ張る

左手は外旋しながら手のひらを上に向けて、斜め上に伸ばします。息を吸って吐きながら、左手に視線を向けて背中をひねった状態で30秒キープ。反対も同様に行います。

肩まわりが美しい角を描くと Tシャツ無双に一歩近づく ローテーターカフ

ここに効かせる!

ローテーターカフ

肩甲骨から上腕骨にかけて付着する肩関節の深部にある4つの筋肉。棘上筋、棘下筋、小円筋、肩甲下筋の総称。肩関節を安定させ、肩の付け根から手のひらを回旋させる動きをコントロールします。

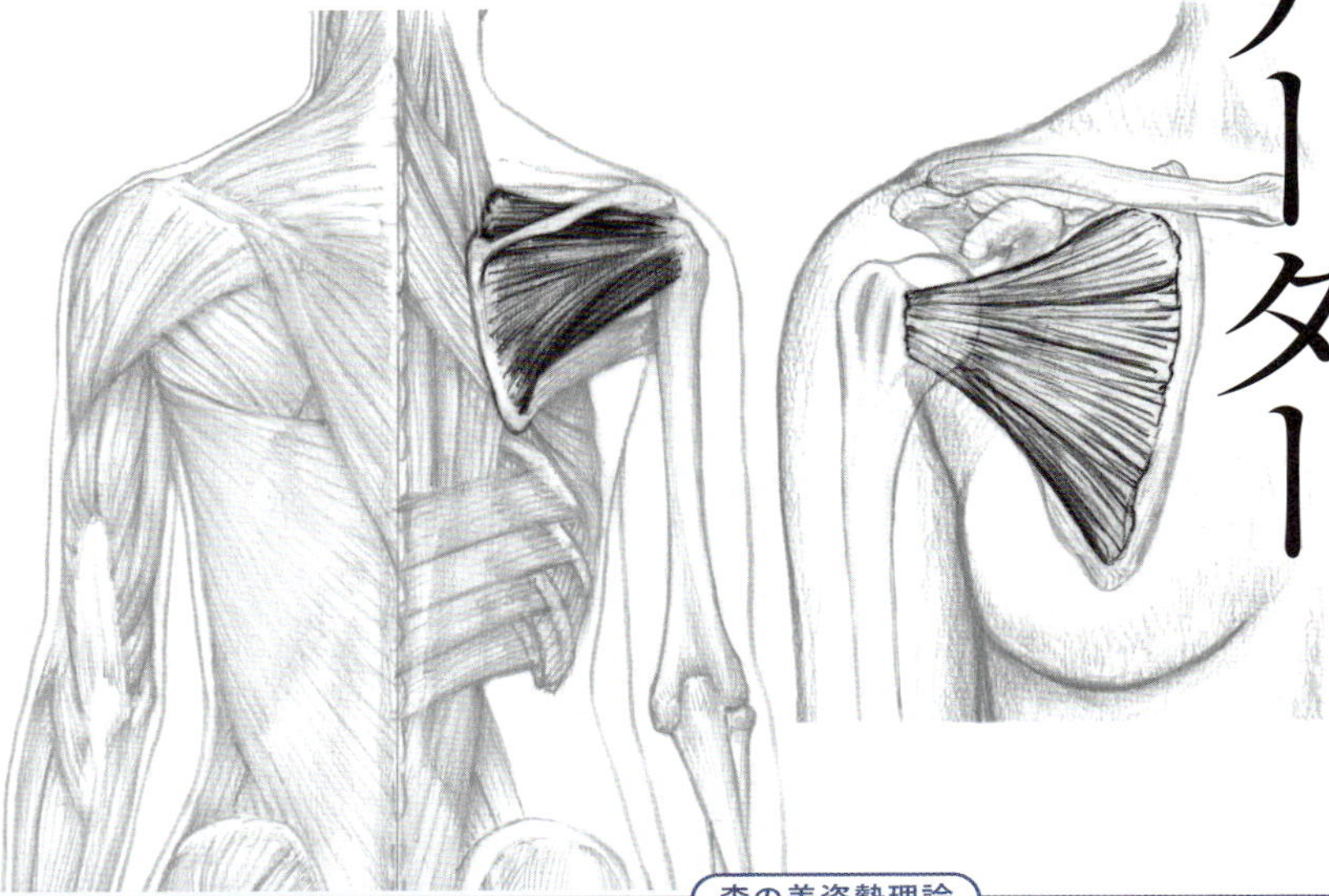

動画で解説

森の美姿勢理論

最近、巻き肩という表現がずいぶん浸透してきました。肩が内巻きになって姿勢が崩れている状態です。これが丸い背中をつくり、Tシャツ姿を野暮ったく見せてしまう要因です。

原因は肩の関節が内側に回旋することです。これを内旋といいます。肩だけでなく腕や手首といった末端部分もねじれますが、これらは正しづらい部分です。ただし手や手首など末端をしっかりほぐすと、肩もほぐれやすくなります。

肩関節の動きに深くかかわっている肩のインナーマッスル、ローテーターカフにアプローチして、手、手首、腕、肩のねじれを一度に矯正することで巻き肩を解消します。

Body Design *Hint*

身体をスライドさせた側の肩の力が十分に抜けていると、肩甲骨が浮き上がってくることがあります。これが正しくできている目安になります。

1

四つん這いになり、手の親指は前へ、残りの四指は外側に向けてひじを外側に向けます。

2

右側にスライドして3秒キープ。正面に戻って左側にスライドさせて3秒キープ。5セット行う。

左右 KEEP 3sec×5sets

1 手首を外旋、手のひらを浮かせず スタートポジションをとる

骨盤の下にひざ、肩の下に手がくるように四つん這いになります。親指は正面を向けて残りの指は外に向け、手のひらはしっかり床につけます。

左右 KEEP 3sec × 5sets

正しく動けば、ここに効いているはず！

○ 肩甲骨が盛り上がる
× 手のひらが浮いてしまう

肩の力を抜くとローテーターカフにアプローチでき、肩甲骨が浮き上がります。そのとき手のひらが浮いてしまうと、手首や指のねじれの矯正ができません。

2 身体をスライドさせた方向のローテーターカフがだるくなる

ひじから肩を外に回しながら、身体を右側にスライドさせて3秒キープ。このとき、左腕は力を抜きましょう。正面に戻して左へスライドして3秒キープ。5セット行います。

NEO BASIC

Tシャツ美人へのワープ技
首に筋が出るとヤセて見える

胸鎖乳突筋《きょうさにゅうとつきん》

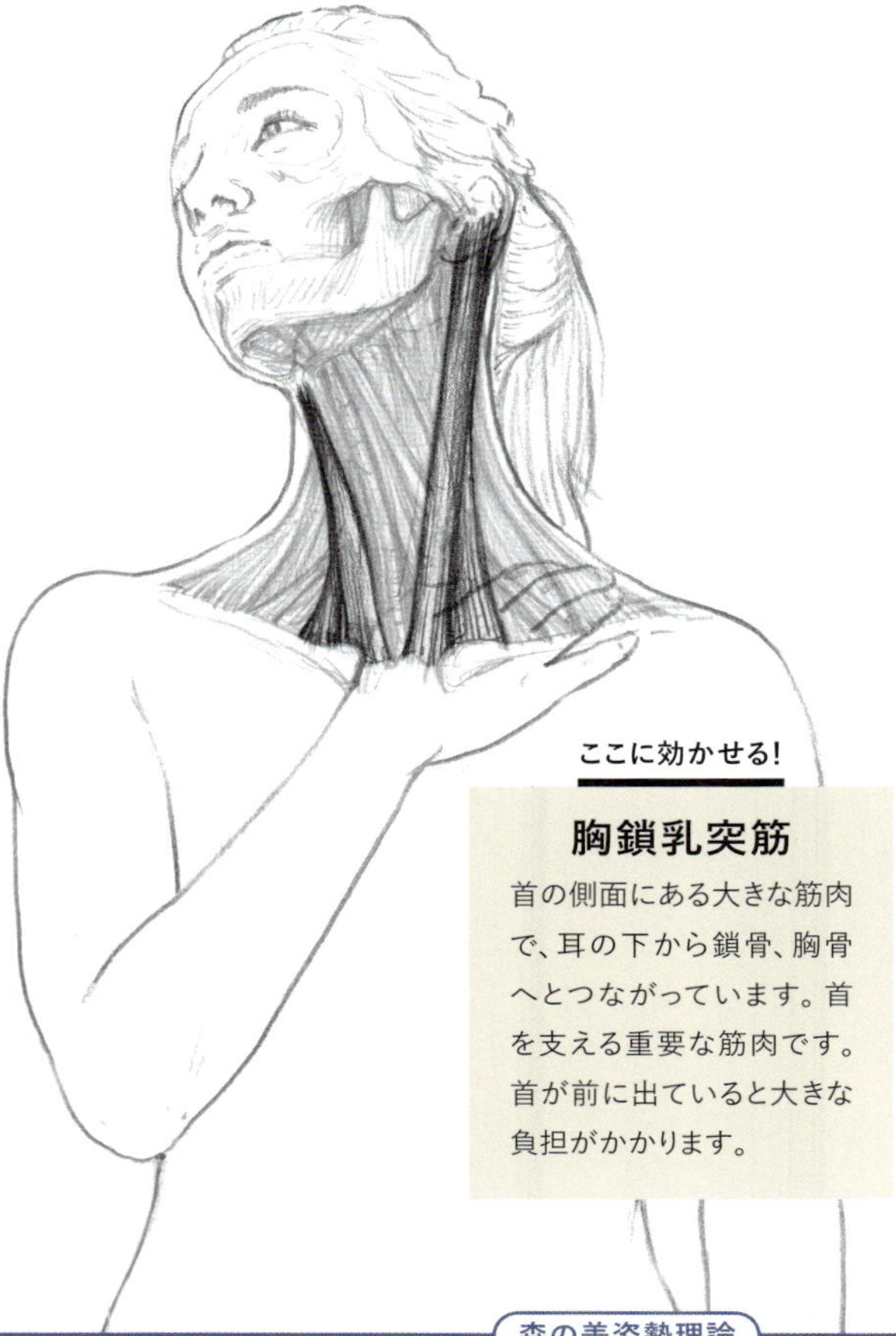

ここに効かせる!

胸鎖乳突筋

首の側面にある大きな筋肉で、耳の下から鎖骨、胸骨へとつながっています。首を支える重要な筋肉です。首が前に出ていると大きな負担がかかります。

動画で解説

森の美姿勢理論

首の側面にある筋肉を胸鎖乳突筋といいますが、この部分がすっきり出ていると首が長く、上半身がヤセて見えます。しかし、頭が肩より前に出た崩れた姿勢の人の多くは、首が短く見えてしまっています。体重のおよそ10分の1の重さがある頭は、正しい姿勢なら骨盤、肋骨が支えるため背中や首には負担がかかりにくいのですが、頭が前に出ていると、その重さは首で支えるしかありません。胸鎖乳突筋にはその大きな負担がかかっています。

つかんでみて、硬くてハリがあれば疲労している証拠です。ここをほぐして頭を正しい位置に戻せればTシャツの似合う首元になれます。

Body Design *Hint*

手は下に、あごは上に向けて引っ張り合うことで、胸鎖乳突筋がストレッチされます。

1

左の胸鎖乳突筋を伸ばす場合、反対の右手で左の鎖骨を押さえて上を向きます。顔を右に向け口を開けます。

2

手はしっかり鎖骨を押さえつけて天井にあごを突き出して30秒キープ。反対も同様に行います。

左右 KEEP 30sec

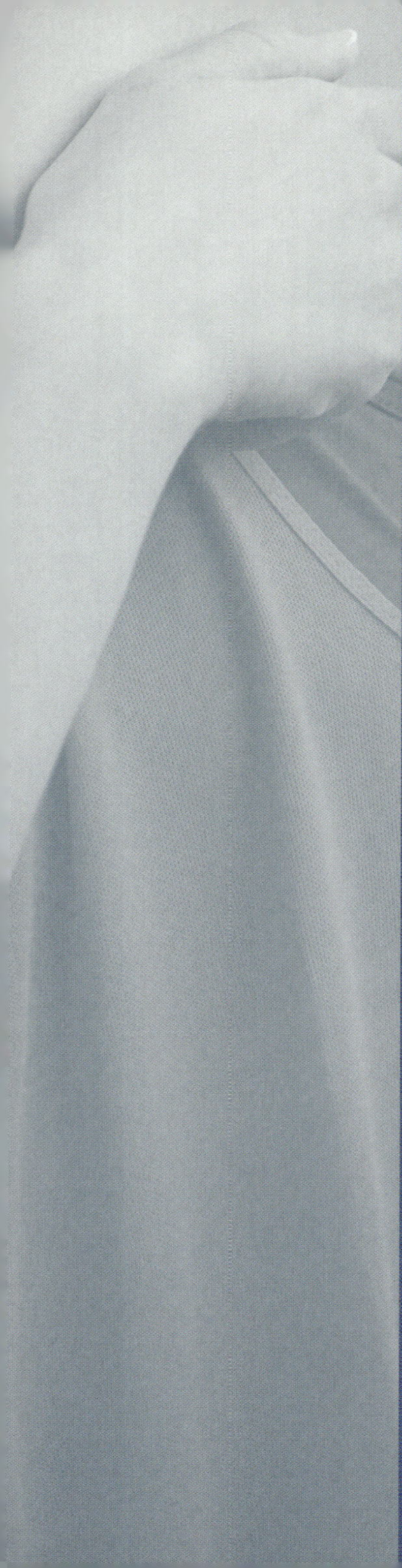

LEVEL3

NEO BASICを継続しながら3週目はLEVEL3に移行します。LEVEL1、2の前半は個別の筋肉をターゲットにしていましたが、LEVEL3では複合的にアプローチしていきます。

背骨の動きを意識しながら、縮んだ腹筋を緩めて、張っている背中をほぐします。そうすることで、背骨の反るべき箇所、丸めるべき箇所のカーブを正確に描いて、背骨が正しいポジションになります。すると関節や筋肉も正しいポジションへと誘導することができます。動きは少し複雑になりますが、写真と動画をしっかりチェックして行いましょう。

The third week

身体の前後の筋肉、背骨と
複合的なアプローチで
正しい姿勢の感覚を
確かなものにする

LEVEL3

腹筋運動はしなくていい 猫背が直れば腹ペタも叶う

広背筋《こうはいきん》 腹直筋《ふくちょくきん》

ここに効かせる!

広背筋・腹直筋

お腹の前面にある平たく長い筋肉が腹直筋。姿勢が崩れると縮んで弱くなります。骨盤から上腕にかけて広がる広背筋。腹直筋とは反対に、姿勢の崩れによって引っ張られて硬くなります。

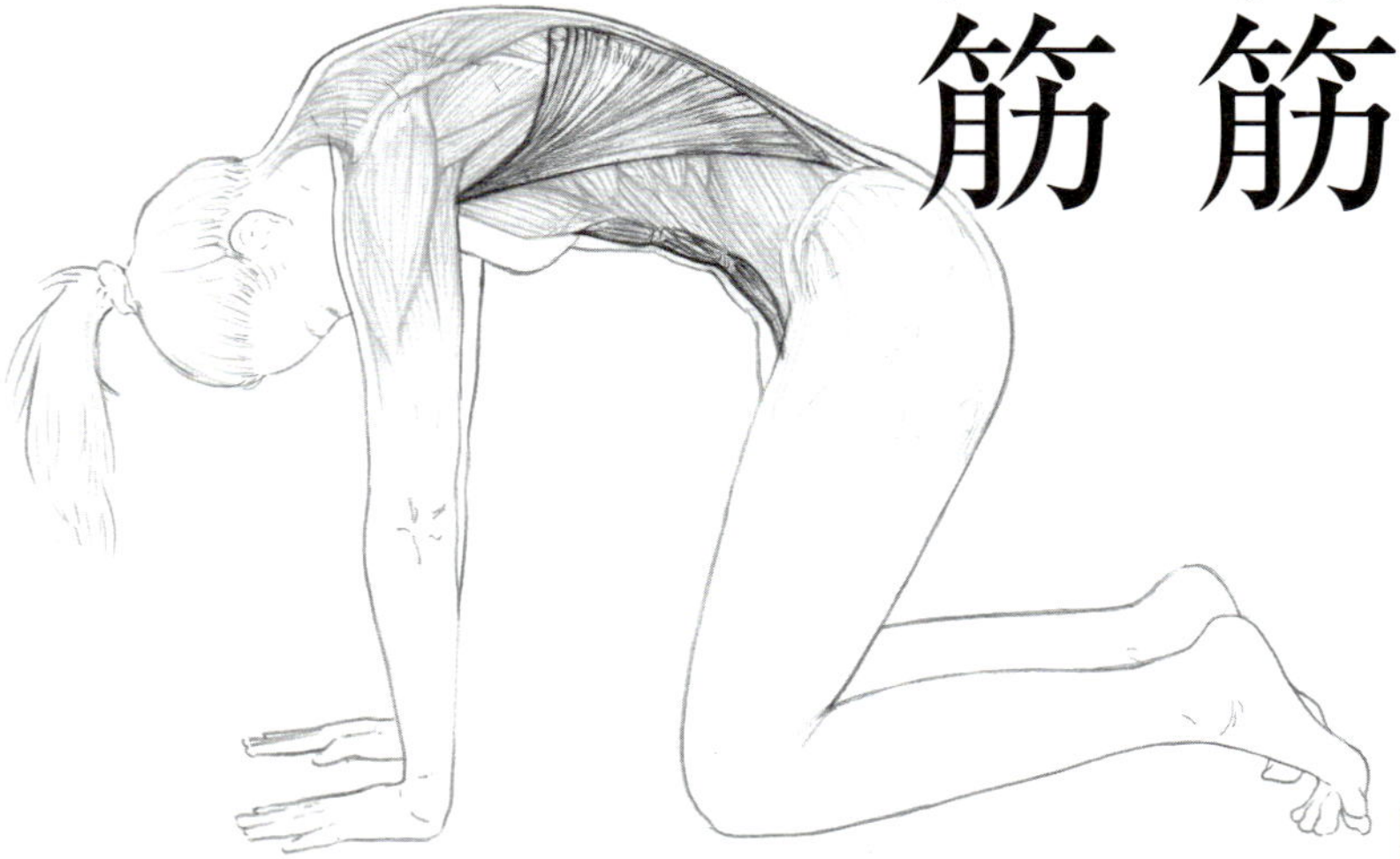

動画で解説

森の美姿勢理論

猫背になるのは腹筋が弱いからだと思っている人はいませんか？ そんなことはありません。鍛えている男性で腹筋は割れていても猫背の人はいます。姿勢が悪いときの腹直筋は、縮んで硬くなってしまい、広背筋は引っ張られてカチカチに。身体の前と後ろの筋肉のアンバランスさが猫背などの姿勢の悪さに拍車をかけるのです。

姿勢の悪さが常になると、腹筋と背筋のバランスはますます悪くなって正しいポジションに戻りづらくなります。すると代謝の悪いお腹はたるむし、背中はぜい肉がつくという悲しい現実。それを回避するために腹直筋と広背筋のバランスを整えるストレッチを行います。

Body Design *Hint*

背中を丸めるときは、骨盤を後傾にして、反るときはお尻をプリッと前傾させましょう。

丸める反らす KEEP 5sec × 3sets

1

四つん這いになります。股関節の下にひざ、肩の下に手がくるようにし、指先は前へ向けます。息を吸い、吐きながら背中を丸めて5秒キープ。

2

息を吸いながら元の四つん這いの姿勢に戻ったら、吐きながら背中を反って5秒キープ。これを3セット行います。

1 背骨の動きに合わせて広背筋のストレッチ

肩の下に手、骨盤の下にひざがくるように四つ這いになります。息を吸って吐きながら背中を丸めて5秒キープ。骨盤を後傾させて手で地面を押します。

丸める反らす KEEP 5sec × 3sets

正しく動けば、ここに効いているはず！

○ 骨盤を前傾、後傾させる
× 骨盤が動いていない

背中を反るときは骨盤を前傾させてお尻を引き、背中を丸めるときは骨盤を後傾してお尻を締めます。そうすることで骨盤と連動して背骨を動かしながら、広背筋と腹直筋をストレッチできます。

胸を前に突き出す
プリッと前傾させて
お尻を後ろに引く
手をひざのほうへ引く

2 背骨を反らしながら腹直筋をストレッチ

息を吸って四つん這いの姿勢に戻し、息を吐きながら背中を反らせて5秒キープ。骨盤を前傾させてお尻を後ろに引き、胸を前に出して手は手前に引きつけます。丸めて反らすまでで1セット。合計3セット行います。

LEVEL3

しなやかな背骨で上半身の代謝を上げる 大円筋《だいえんきん》 広背筋《こうはいきん》

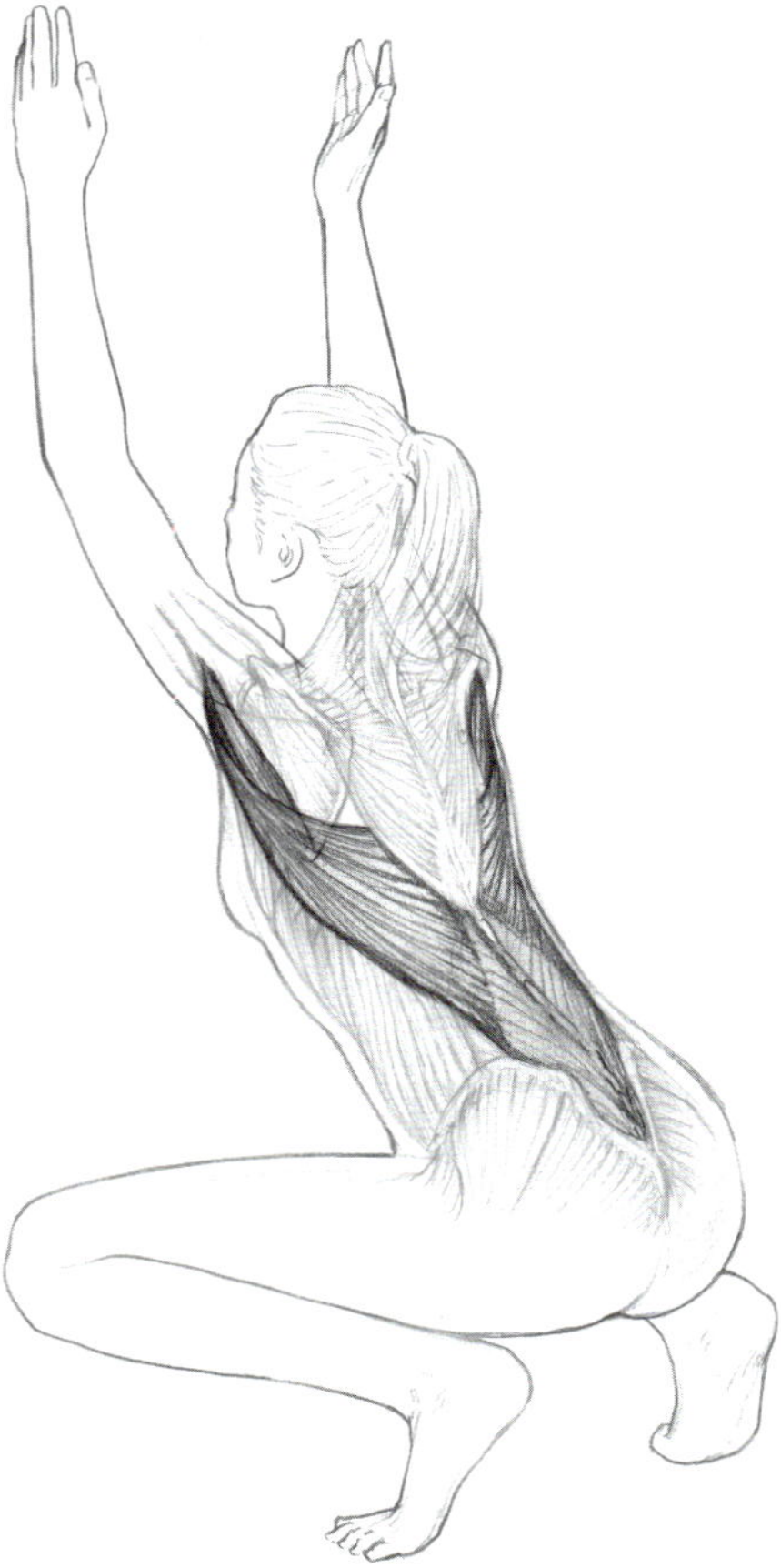

ここに効かせる!

大円筋・広背筋

背中の中央から腰へと広がり、上腕へとつながる広背筋。広背筋の上にあり、肩甲骨後面から上腕にかけての大円筋は、広背筋とともに肩関節の動きに深く関係しています。

動画で解説

森の美姿勢理論

悪い姿勢になると、頭が前にスライドして首がまっすぐになるストレートネックで背中の胸椎上部が丸くなり、猫背になります。試してみるとわかりますが、背中が丸い状態でバンザイをしても、腕をまっすぐ上げられません。

残念なことに、ストレートネック＋猫背で固まってしまって、バンザイがうまくできない人はかなり多くいます。正しくバンザイをするためには、上部胸椎をしっかり反らせて、肩を外旋させながら腕を上げる必要があります。

広背筋と大円筋をストレッチしながら上部胸椎を矯正していくことで、美しい背中と正しい首の反りを生み出すことができるのです。

Body Design *Hint*

わきのあたりが伸びるのを感じられれば広背筋と大円筋にストレッチがかかっています。

1

壁から50センチ程度離れて立ち、壁に手をついてしゃがみます。

2

手は壁にチョップをするようにして小指側を壁につけます。バンザイした状態から息を吸い、吐きながら背中を反らせて30秒キープ。

KEEP 30sec

TRAINING LEVEL 3

今週からトレーニングを追加
後ろ姿に磨きをかける

広背筋《こうはいきん》

ここに効かせる!

広背筋

骨盤から上腕にかけての広い面積を占める広背筋。そのため背骨を支えるのにも重要で、背骨のしなりやカーブが保てるように柔らかくしておきましょう。

動画で解説

森の美姿勢理論

姿勢が悪いからと背骨に注目しても、すべての状態が同じではありません。

背中の上部が丸まってしまうと、頭が前に出てお腹が突き出してしまいます。極端に頭が前に出てストレートネックになることもあります。

背中上部が丸いまま無理に背筋を伸ばしても、過度に腰を反ってしまうだけです。姿勢を正すには、背骨をまっすぐにしようとすることではなく、キレイなS字カーブを描くことが重要です。

そこで背骨のカーブを意識しながら広背筋を使うトレーニングをします。背骨を正しいポジションにしながら、広背筋の機能を高めることで正しい姿勢が保ちやすくなるのです。

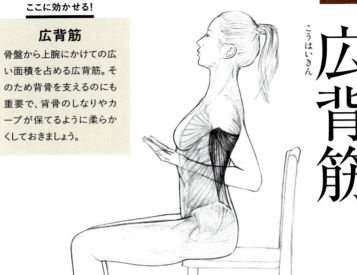

Body Design *Hint*

肩甲骨の下の広背筋に力が入り、胸骨の裏の胸椎の上部が反った感覚があればOKです。

KEEP 3sec × 5sets

1

いすに浅く座り、手のひらを下にして腕を前に出します。

2

手のひらを上に向けて、肩を外旋させながらひじを後ろに引いたら3秒キープ。胸は天井に、ひじは地面に向け、**1**の姿勢に戻します。これを5セット行います。

1 ひじ、肩を内旋させた状態からスタート

姿勢を正していすに浅く座り、腕を前に出します。手のひらは下に向けて、ひじ、肩は内旋した状態にしましょう。

KEEP 3sec × 5sets

正しく動けば、ここに効いているはず！

○ 肩を下げながら背中を反らせる

✕ 肩甲骨を寄せる

肩甲骨を寄せると肩が上がりやすいので、背中を反らせながら後ろに反り、肩を下げながら肩甲骨を下へ集めるイメージをしましょう。

2 息を吸って吐きながら ひじを引く

親指を外側に向けて、肩を下げながら外旋させ、ひじを後ろに引いたところで3秒キープ。腰は反らせながら、胸は天井に、ひじは地面に向けます。1に戻り5セット行います。

呼吸は肋骨にも背骨にも影響する運動

「意識して行うことでストレッチの効果は格段に上がる」

上半身の場合、関節を動かしてストレッチをする方法に加えて、同時に行う呼吸がとても重要です。呼吸は肺で行われるのは当然ですが、肺に空気が入るのは、肺を包む肋骨まわりの筋肉が動いてくれるからです。体幹部分の筋肉は、肋骨や背骨とくっついているので、呼吸と体幹の筋肉は直接関係しているということ。ですから、しっかり息を吸って吐くことは、体幹の筋肉を内側から使うことになり、ストレッチの効果を上げるためには意識すべきことなのです。体幹の筋肉が緩むと、呼吸をするためのスペースが広がり、呼吸がしやすくなることがわかります。

呼吸には、胸式呼吸や腹式呼吸などの方法がありますが、どれが正しいということではありません。胸式呼吸は肋骨を広げるように使う筋肉を意識し、腹式呼吸は肋骨の底にある横隔膜を主に使うことを意識した呼吸法です。ヨガのようにリラックスや集中をしたい場合は腹式呼吸、ピラティスのような運動やエクササイズ中心であれば胸式呼吸を行うことが多いようです。

本書のストレッチは矯正をメインとしているため、胸式を意識して行うとよいでしょう。

LEVEL4

NEO BASICを継続しながら4週目はLEVEL4に移行します。

背骨の動きに合わせながら、姿勢を支える筋肉にアプローチするLEVEL3にトレーニング要素が加わります。ターゲットの筋肉がストレッチされるというより、LEVEL3までに十分にストレッチをできていることを前提に、筋肉に軽い負荷を与えて強化します。トレーニングといってもキツくはありません。ただしLEVEL3までのストレッチができていないと、ほかの部分が鍛えられてしまいます。背骨の動きに合わせられているかを意識しながら行いましょう。

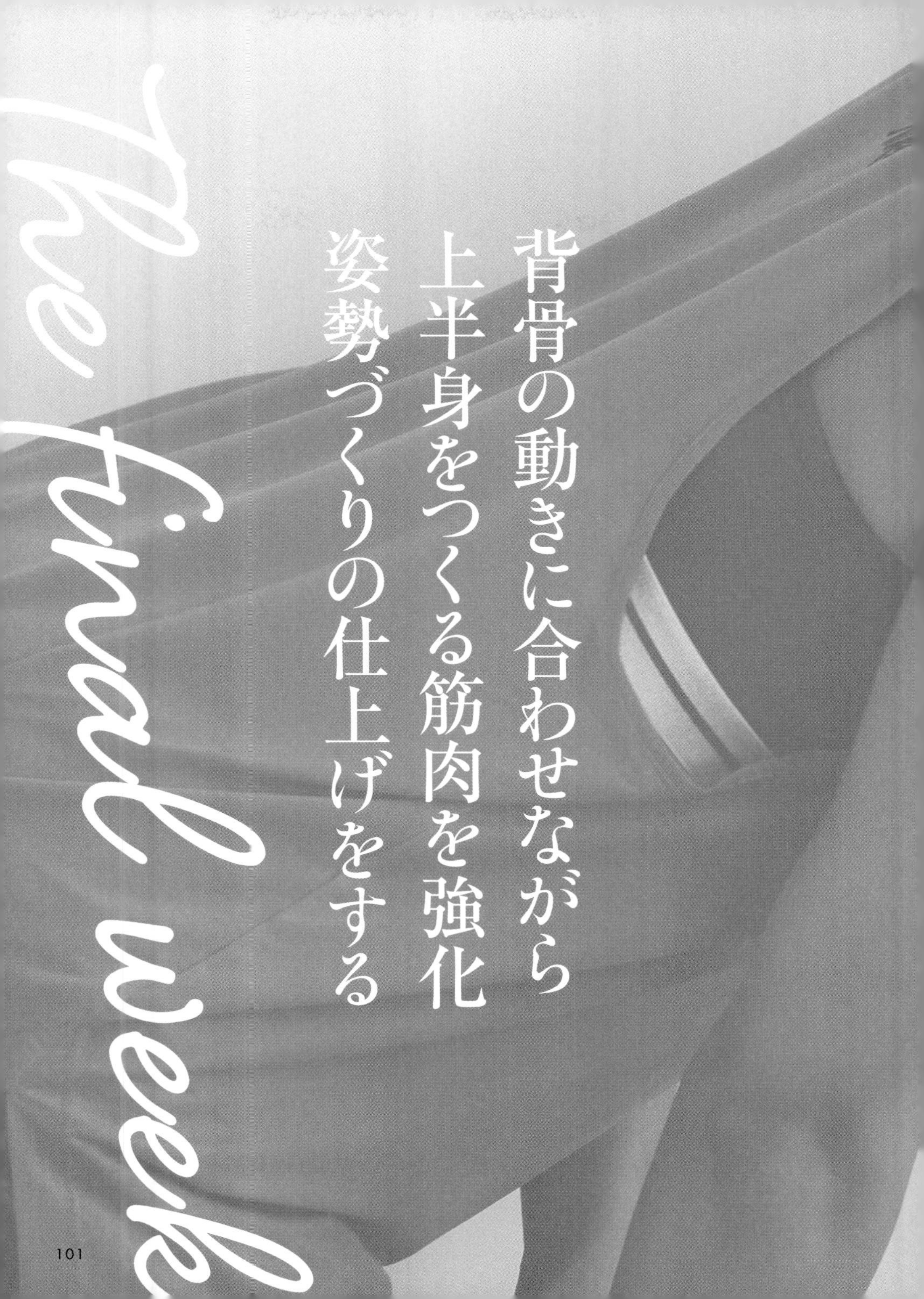

The final week

背骨の動きに合わせながら上半身をつくる筋肉を強化姿勢づくりの仕上げをする

LEVEL4

TシャツINに自信が持てる
縮んだ腹筋をほぐす

腹直筋《ふくちょくきん》

ここに効かせる!

腹直筋

お腹の真ん中、みぞおちあたりから恥骨まである細長い筋肉が腹直筋。鍛えるとシックスパックに割れるところです。姿勢を支えるうえでも重要な筋肉です。

動画で解説

森の美姿勢理論

背中が丸まっていて猫背、さらにお腹がたるんでいる……と悩んでいる人はいませんか。このような人は、背中が丸まったり、肩が頭より前に出てしまったりすると同時に、骨盤が後傾してしまい腹筋でうまく姿勢を保てずに縮んでしまっていることがほとんどです。腹筋が弱いために姿勢が崩れるのではなく、腹筋を使えていないのです。

正しい姿勢をつくるには、背中や首のあたりをほぐすのと同様に、縮んだ腹直筋を伸ばしてほぐすことも重要です。背骨を反る動きに合わせて腹直筋を伸ばすことで、腹筋の縮みが解消され、背骨はS字カーブを描き、正しい姿勢へと導いてくれます。

Body Design *Hint*

恥骨を床につけて、腰を反るのではなく、背中を反らせることで腹直筋を伸ばします。胸は正面へ向けましょう。

KEEP 5sec × 5sets

1

うつ伏せになり、手のひらは頭の横に置いて上体を起こします。まずは頭だけを起こします。

2

手で床を押しながらさらに身体を起こします。腰を反らすのではなく、胸を前に出すように背中を反らせてみぞおちから恥骨にある腹直筋を伸ばし、息を吐きながら5秒キープ。うつ伏せに戻ります。これを5セット行いましょう。

腰が痛い場合は中止してください。
ひじは床につけて

1 頭の横に手を置いて身体を起こす

頭の横に手をついて、うつ伏せになって頭を起こします。ひじは床につけて、身体を起こすと同時に離れないように注意しましょう。

KEEP 5sec × 5sets

正しく動けば、ここに効いているはず！

○ **肩を下げて床を押す**

✕ **ひじを伸ばしきってしまう**

ひじを伸ばしきると肩が上がってしまいます。肩を下げて床を押すようにすると、腹直筋が伸びて、胸椎の上部を反らすことができます。

手を身体に引きつける
お尻をキュッと締めながら
恥骨を床に押しつける

2 腰を反らすのではなく胸を前に向けてお腹を伸ばす

お尻に力を入れて恥骨を床につけ、手で床を押しながら上体を起こします。息を吐きながら腹直筋を5秒伸ばしたらうつ伏せに戻ります。これを5セット行います。

全身を正しいポジションに整える
30日に向けた総仕上げ

上腕三頭筋《じょうわんさんとうきん》 広背筋《こうはいきん》 大臀筋《だいでんきん》

ここに効かせる！

上腕三頭筋・広背筋・大臀筋

たるみがちな二の腕や広背筋、お尻の大きな筋肉である大臀筋。これらの筋肉を使う感覚を得られると背骨のポジションが安定してきます。

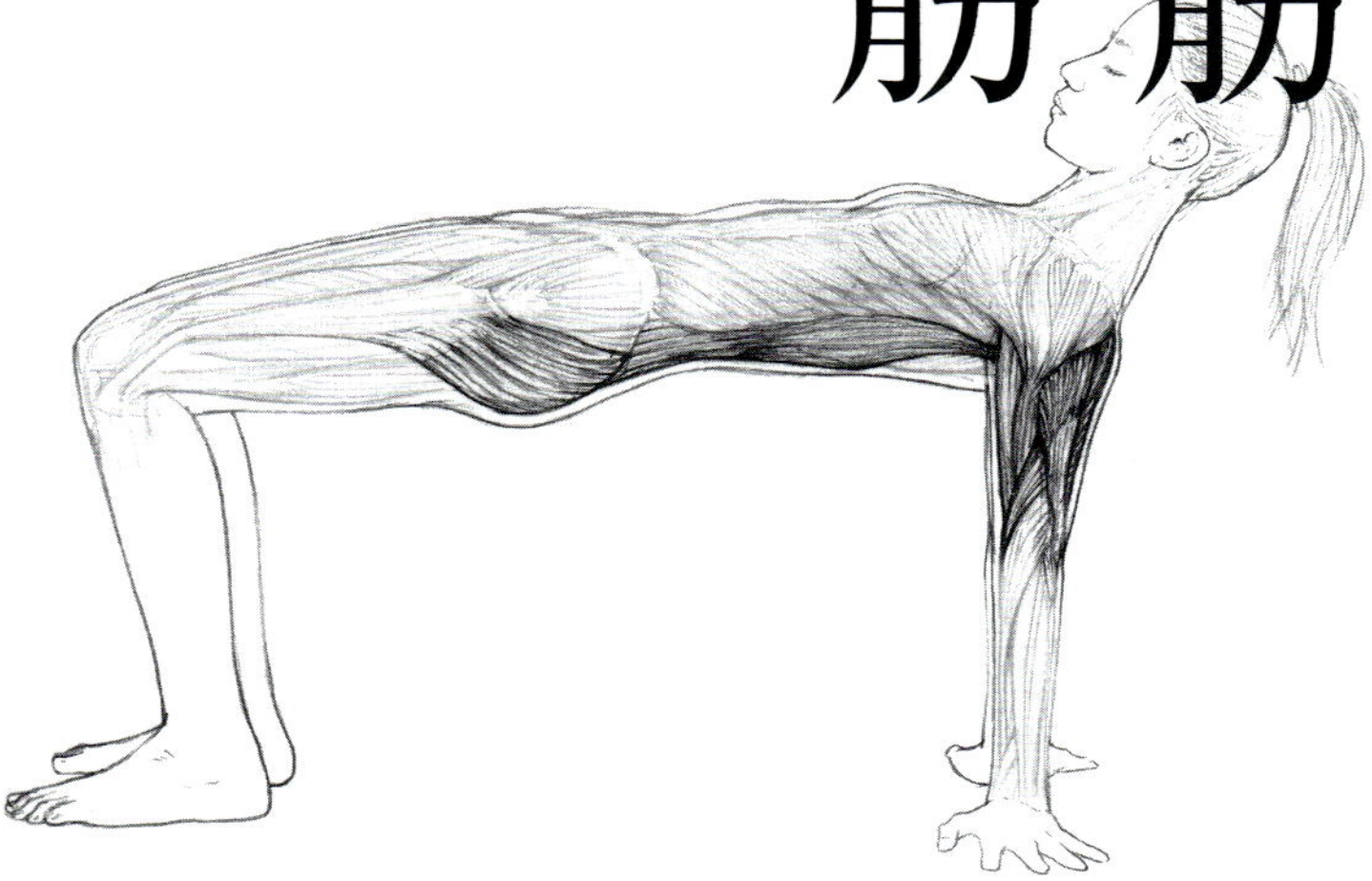

動画で解説

森の美姿勢理論

よい姿勢とは、足元、骨盤、肋骨、頭までが地面に対して垂直である状態。特に、体幹である骨盤と肋骨の位置が前後にズレていると、反り腰や猫背になり、その上下にある頭や脚も正しいポジションにはなりません。

体幹部分をまっすぐに保つためには、お尻の筋肉で骨盤を支え、みぞおち部分が開きすぎず、肋骨がしっかりと閉じていることが重要。お尻と腹筋を同時に使い、骨盤と肋骨をまっすぐに保った状態で負荷を与えるトレーニングが有効です。下半身はお尻より前ももの筋肉を使いやすく、上半身は腹筋と背筋のバランスが崩れやすくなっています。下半身と上半身を連動させましょう。

Body Design *Hint*

肩がしっかり下がった状態で、お尻に力が入って、肩からひざが床と平行になっていれば正しく行えています。

1

床に座り、脚に軽く開きます。ひざの下にかかと、肩の下に手がくるようにします。

2

お尻に力を入れ、肩とかかとで床を押しながらお尻を上げて20秒キープ。**1**の姿勢に戻ります。これを2セット行います。

KEEP 20sec × 2sets

1 床に座ってかかとと腕の位置を固定する

ひざを曲げて床に座ります。脚は軽く開き、お尻を上げたときにひざの下にかかと、腕の下に肩がくるようにします。床についた手は指が外側に向くようにしましょう。

KEEP 20sec×2sets

正しく動けば、ここに効いているはず！

○ 肩が下がっている

× 腕だけがつらい

肩が上がってしまうと、猫背の特徴のひとつでもある肩の内旋が起きてしまい、負担が腕だけにきます。肩を下ろして外旋させれば背中、お尻、二の腕に有効なトレーニングになります。

2 お尻と背筋、腕の力で身体を持ち上げる

かかとと肩で床を押すようにしてお尻を持ち上げ、お尻とお腹を締めて、胸を開いてあごは引きます。この姿勢で20秒キープ。1に戻ります。これを2セット行いましょう。

ラストは二の腕を絞ってフィニッシュ!!
上腕三頭筋《じょうわんさんとうきん》 広背筋《こうはいきん》 前鋸筋《ぜんきょきん》

ここに効かせる!

上腕三頭筋・広背筋・前鋸筋

骨盤から上腕までの広範囲の広背筋、二の腕のたるみが出やすい上腕三頭筋です。前鋸筋は、わきの下あたりの筋肉でバストアップにも大きく関係しています。

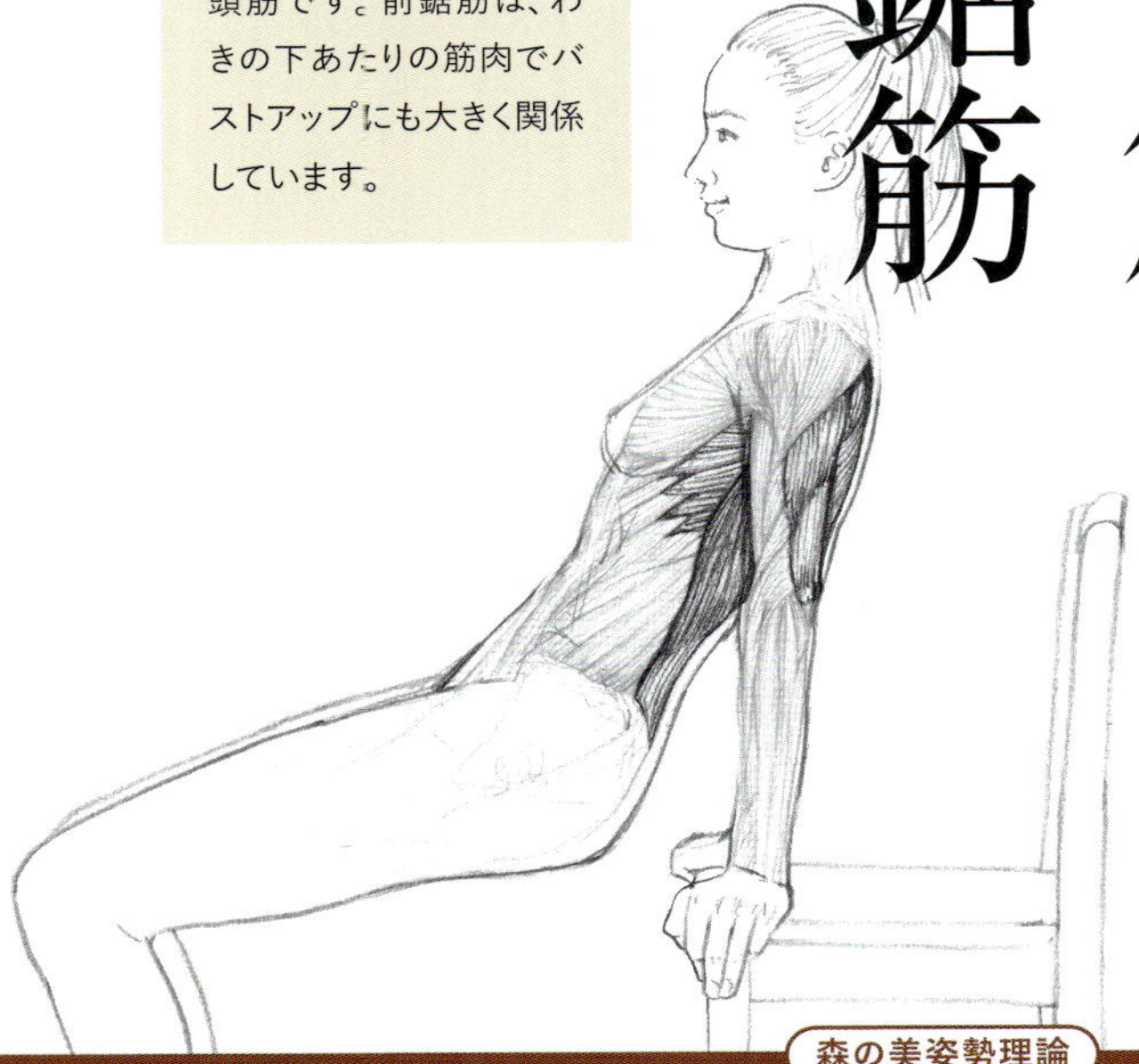

動画で解説

森の美姿勢理論

ぷよぷよの二の腕は運動不足や年齢のせいと思いがちですが、悪い姿勢が関係しています。

前鋸筋は、肋骨の上にのっている肩甲骨を下から支えるように働いています。しかし、巻き肩で猫背になってしまうと、肩甲骨が本来の位置からズレてしまい、前鋸筋は正しく働かず、弱く硬くなってしまいます。

広背筋も後ろから肩を正しい位置で維持するために働く重要な筋肉。肩甲骨を正しいポジションに保つには、肩を下げる動作で前鋸筋と広背筋を鍛えることが有効です。ひじの曲げ伸ばしでなく、肩を下げるわきの力を使い、身体を持ち上げるように行いましょう。

Body Design *Hint*

2でお尻をいすの座面まで上げたとき、わきに力が入っていれば正しく行えています。

KEEP 3sec × 5sets

1

いすに浅く座り、いすの外側に手をつきます。お尻を座面より前に移動して床にしゃがむようにお尻を落とします。

2

肩を下げながらお尻を座面の高さまで持ち上げて3秒キープ。**1**と**2**で1セット、5セット行います。

1 脚ではなく、肩～腕に体重がかかっていればOK

いすに浅く座って、いすの外側に手を置いた姿勢から、お尻を座面から離して床にしゃがみます。

KEEP 3sec × 5sets

正しく動けば、ここに効いているはず！

○ 腕に体重がのっている
✕ 太ももがつらい

脚の曲げ伸ばしではなく、腕に体重をしっかりのせることで上半身のエクササイズになります。ひじを伸ばしきったり、身体を反らしすぎたりしてしまうと手首やひじに負担がかかるので注意しましょう。

肩を下げてわきで押す
ひじを伸ばしきらない

2 手の小指側に体重をかけて肩を下げるように身体を持ち上げる

お尻を座面まで持ち上げて3秒キープ。身体を反ったり、ひじを伸ばしきったりしないようにします。1と2で1セット、5セット行います。

ストレッチを続けていても柔軟性が高まらないときは「皮膚をつまんで引っ張ると動きやすくなります」

本書では、姿勢改善に対して、多くのストレッチを行うことでアプローチしてきました。長年の同じ姿勢や使い方のクセに馴染んだ身体は、その状態を形状記憶していて、多少のストレッチなどをしてもすぐに戻ってしまったり、そもそもストレッチを正しいフォームで行えないという人も少なくありません。

身体は、皮膚をはじめ、その下の皮下組織や筋膜、腱や靭帯などのコラーゲンやエラスチンといった結合組織で包まれています。悪い姿勢や動きを形状記憶してしまっているのは、組織同士を束ねているこの結合組織が癒着してしまっていることが原因のひとつとして考えられます。

そのなかでもアプローチしやすいのが皮下組織。ストレッチをしても伸ばしづらい場合は、その関節まわりの皮膚をつまんで、引っ張りながら動かしてみてください。動きが悪い部分は、皮下のコラーゲンが脂肪をつかんでしまい、セルライト状になってしまっていることが多いのです。わきや肩まわり、首や股関節、ひざなどをつまんで動かすと、皮下にすき間ができて組織が滑りやすくなり、動きがよくなります。マッサージなどの方法もありますが、代謝が悪くなっている部分はぜひ皮膚をつまんで動かしてみてください。

おわりに

前作の『30日でスキニーデニムの似合う私になる』は思っていた以上の反響でした。

なかでも読者の皆さんが「30日間チャレンジ」と称してSNSに日々の変化の写真を投稿され、そして何より予想を上回る結果だったというところが大きかったのではないでしょうか。

これまでダイエッターさんたちの投稿は、「何の運動をして何を食べた」「体重がどれくらいで……」というものばかりでした。本書のような身体の機能を正しく使うことで、ボディラインを変えていくという矯正を日々報告するという形式はなかったのではないでしょうか。

普段はマンツーマンの指導が基本で、グループレッスンでさえ一人ひとりに思うように伝えられないため、果たして本の写真と動画で何万人もの人にどこまで伝わるのかが不安でした。

しかし驚くことに、SNSの投稿を見てみると、O脚だった人の脚が数日でピッタリくっついていたり、脚の太さが別人のように変わったりした人が続出したのです。確かに、本では伝えきれなかったこともあったため、多くの質問をいただくことにもなりましたが、それ以上の結果をいただいたことで、今まで私が指導してきた内容は間違いがなかったと確信することもできました。

そんなこともあり、「上半身の本も出してほしい」という多くの強いご要望から、本書を出版することとなりました。今回もキツいトレーニングというより、一見すれば今まであったような、なんてことないストレッチばかりの内容となっています。しかし皆さんにご理解いただきたいのは、ストレッチは必ずしも、身体を柔らかくするために行うものではないということです。

ストレッチは硬い方向や苦手な方向へ身体を伸ばします。硬い人は伸ばすのが痛かったり、つらかったりするでしょう。柔らかい人は簡単かもしれませんが、柔らかいゆえに別の場所へいきすぎたり、キープしづらかったりもします。私が矯正目的でこのようなストレッチを行う場合、もはやトレーニングといってもいいくらい、伸びるとは逆の、縮むほうを鍛える意識を持ってもらいます。

すなわち、目的通りのその場所へ動くこと、そしてキープすることがボディワークで行う矯正に重要なのであって、筋肉が伸びて体が柔らかくなるかどうかだけがストレッチでよいことではないということです。

身体の矯正というと、骨盤矯正などをする整体でないと難しいと思われますが、筋トレやストレッチでも、目的通りの正しいフォームで行ってさえいれば、身体によいクセがついていくことで、矯正されていくのです。

しかし、ランニングやダンスなどの運動で、下半身太りを気にしている人が内股でやってしまったり、バッファロー肩を気にしている人が猫背のまま動いてしまったりして、そのコンプレックスをより助長してしまうことがあります。

悪い動きでスクワットをしても、むしろ太ももは余計に太くなってしまうかもしれないし、猫背のまま背中のトレーニングを行っても、肩や腕ばかりが鍛えられてしまいます。こういう人が「筋トレをすると変な筋肉がついてしまう」と言っているのを聞くと、非常に残念に思います。

スジがよい人だと、フォームを意識するだけで、そのうち身体が矯正されていくかもしれませんが、なかなかフォームだけでは厳しいのが現実です。そういった人のために、まずは準備体操だと思って、普段の運動前に本書のストレッチをしてみていただきたいのです。すると、今までより正しいフォームがつくりやすかったり、筋肉痛になる場所が前より明確になったりなどの変化を感じ

ることができ、トレーニングの成果も出やすくなるかと思います。

もちろん筋トレが苦手だという人も、本書のストレッチだけで日常生活での身体の使い方がよくなり、身体のラインの変化が30日で感じられるはずです。

前著と合わせて使っていただくことで、皆さんが肩こりや腰痛もなく、美しいボディラインを得られることを心から願います。

モデル

高橋メアリージュン

STAFF

装丁・本文デザイン	木村由香利(Pathmaraja)
イラスト	㈲彩考 内山弘隆
撮影	岡部太郎[人物] 長谷川梓[静物]
ムービー	ノンキビーム
スタイリスト	松野下直大
ヘアメイク	堀紘輔(プラスナイン)
構成	峯澤美絵
校正	深澤晴彦
編集	野秋真紀子(ヴュー企画)
編集統括	吉本光里(ワニブックス)

衣装クレジット

DIESEL JAPAN
大阪府大阪市中央区南船場3-12-9
☎ 0120-55-1978

T-shirt、デニム、スカート、バッグ、サングラス
以上DIESEL

スニーカー
スタイリスト私物

30日で白Tシャツの
似合う私になる

著者　森 拓郎

2019年5月20日　初版発行
2019年6月1日　2版発行

発行者	横内正昭
編集人	青柳有紀
発行所	株式会社ワニブックス 〒150-8482　東京都渋谷区恵比寿4-4-9　えびす大黒ビル 電話　03-5449-2711（代表） 03-5449-2716（編集部） ワニブックスHP　http://www.wani.co.jp/ WANI BOOKOUT　http://www.wanibookout.com/
印刷所	凸版印刷株式会社
製本所	ナショナル製本

本書で紹介した方法を実行した場合の効果には個人差があります。また、持病をお持ちの方、現在通院をされている方は、事前に主治医と相談の上、実行してください。

動画ならびに動画掲載のページは、予告なく変更することがあります。あらかじめご了承ください。機種によっては動画を再生できないこともございます。

動画の再生には別途通信料がかかります。

ISBN 978-4-8470-9792-8